山里の生活実験

サステナブルな暮らしを見つける

丸山啓史

かもがわ出版

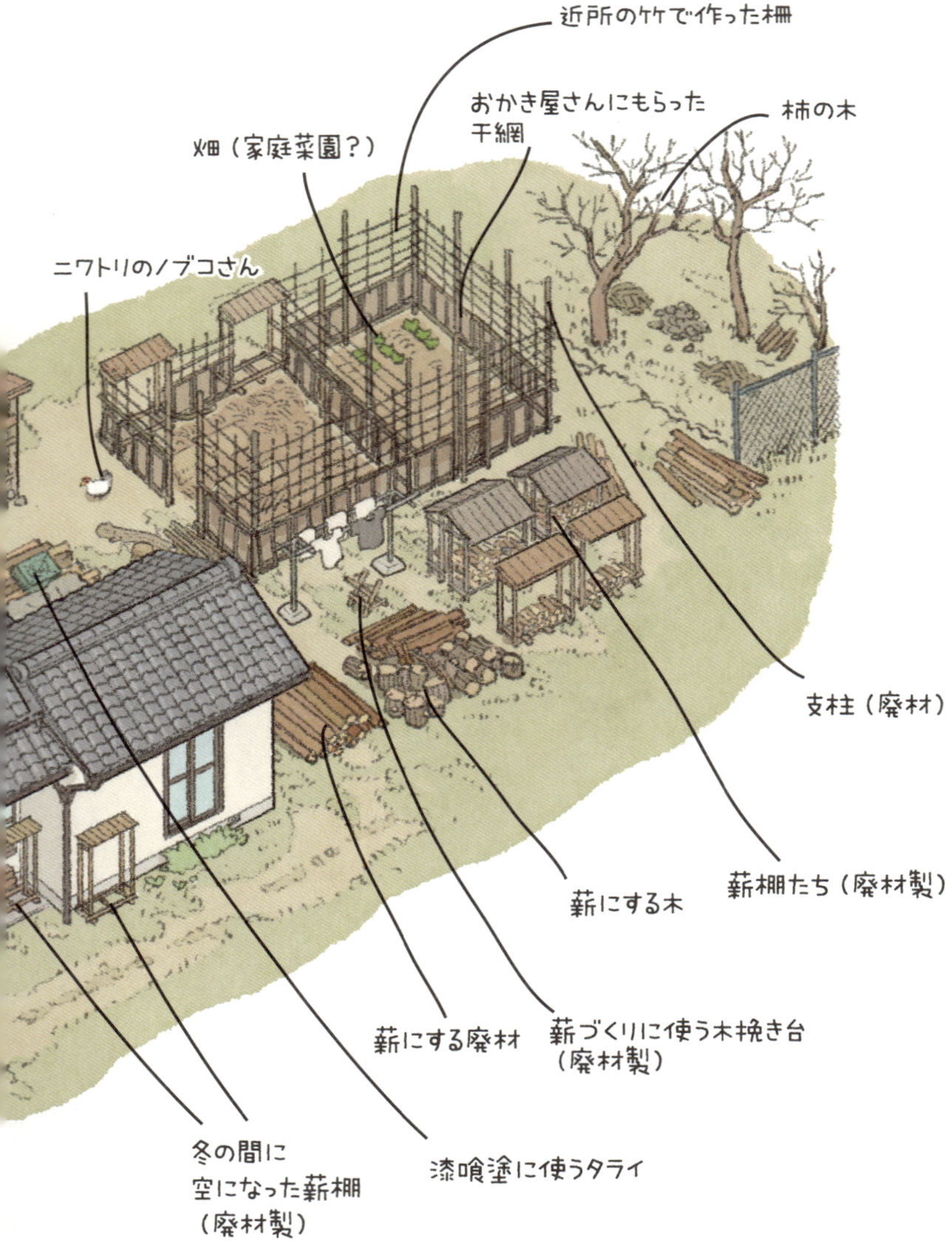
近所の竹で作った柵
おかき屋さんにもらった
干網
柿の木
畑（家庭菜園？）
ニワトリのノブコさん
支柱（廃材）
薪棚たち（廃材製）
薪にする木
薪にする廃材
薪づくりに使う木挽き台
（廃材製）
冬の間に
空になった薪棚
（廃材製）
漆喰塗に使うタライ

ある日の我が家（外観）

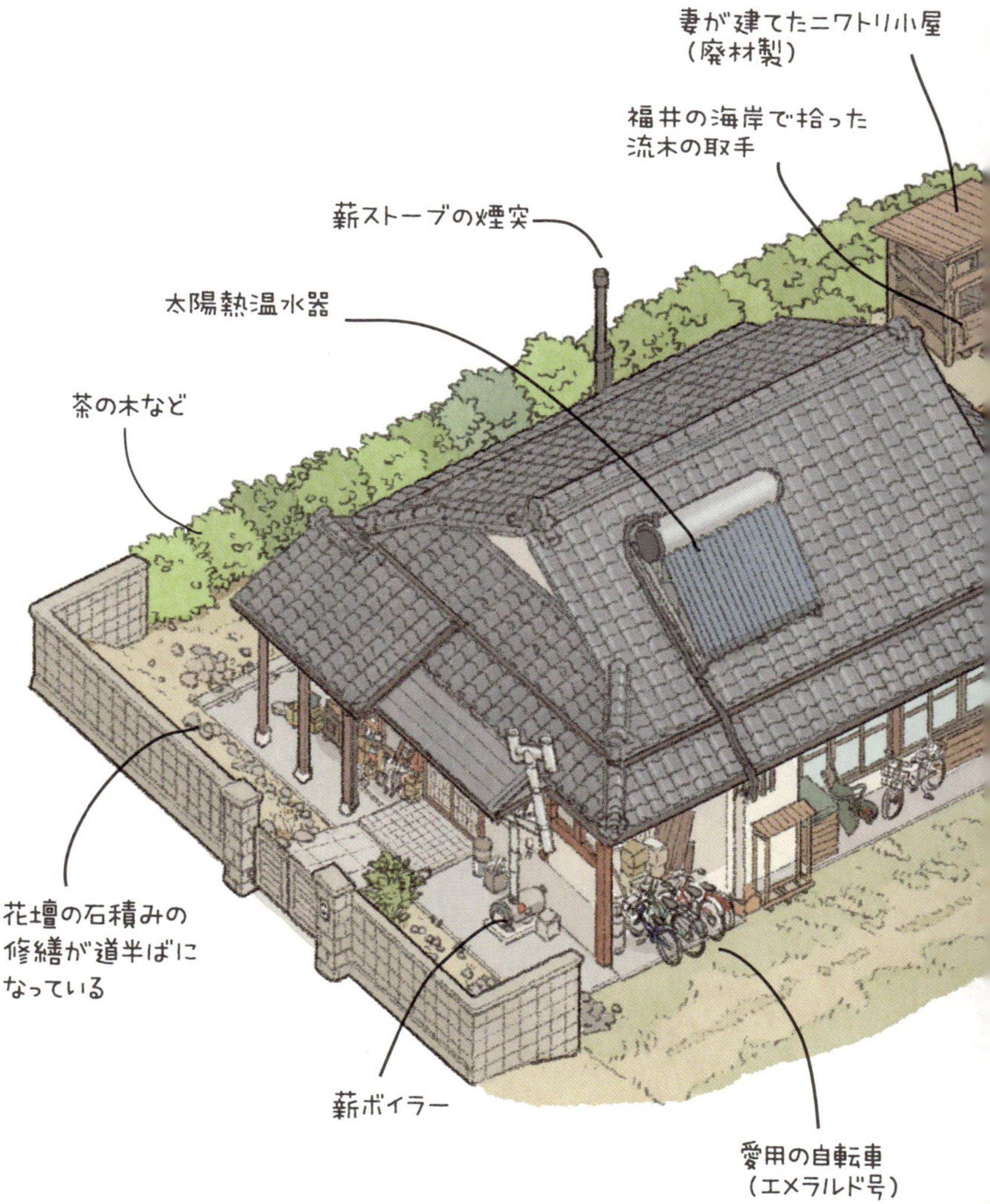
妻が建てたニワトリ小屋
（廃材製）
福井の海岸で拾った
流木の取手
薪ストーブの煙突
太陽熱温水器
茶の木など
花壇の石積みの
修繕が道半ばに
なっている
薪ボイラー
愛用の自転車
（エメラルド号）

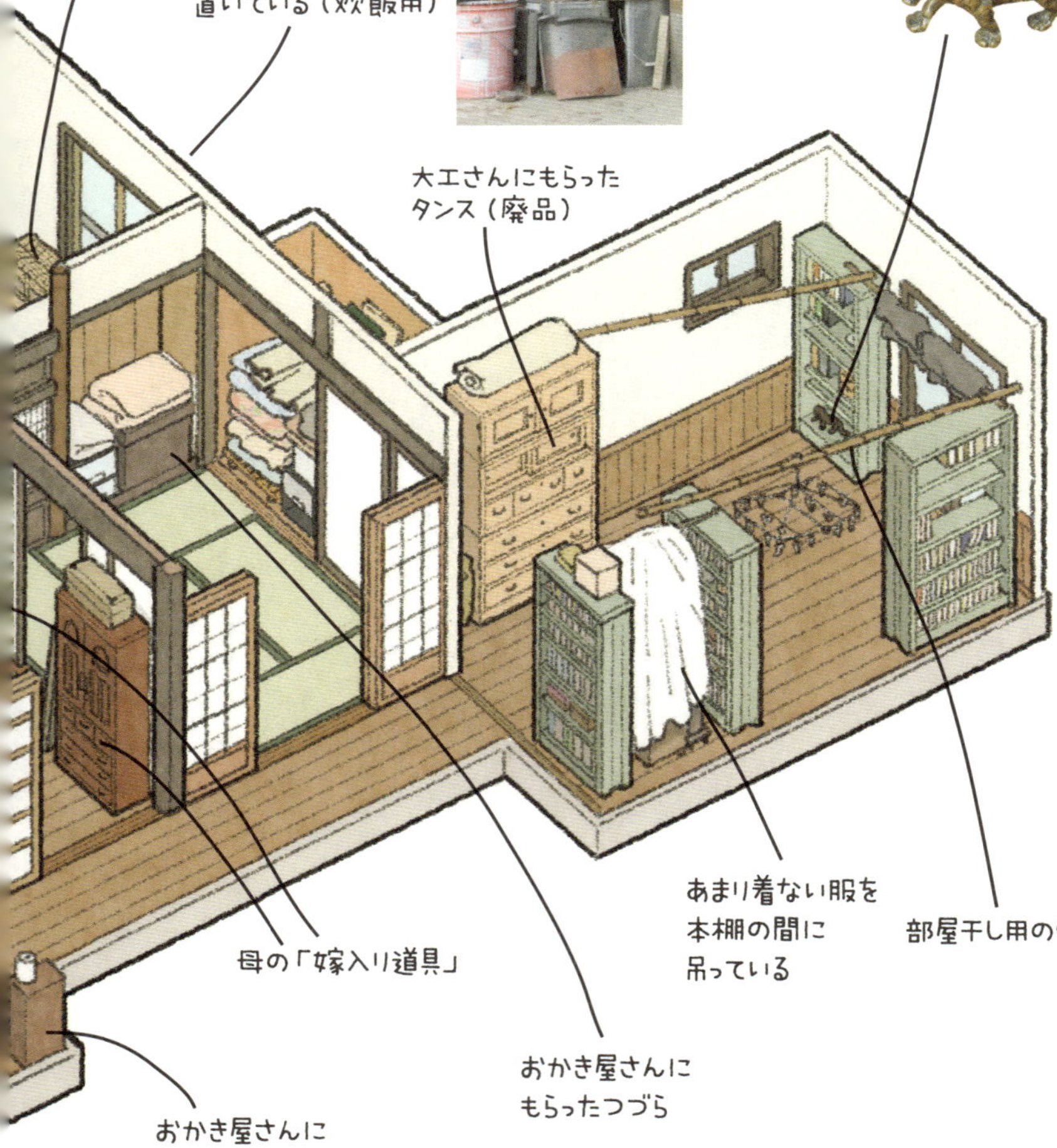
室内ヒヨコ部屋
（一時的に設置）
軒下に
ロケットストーブを
置いている（炊飯用）
おかき屋さんから
息子がもらった
虎の置物
大工さんにもらった
タンス（廃品）
あまり着ない服を
本棚の間に
吊っている
部屋干し用のタケ
母の「嫁入り道具」
おかき屋さんに
もらったつづら
おかき屋さんに
もらった木箱
（中にはトイレットペーパー）

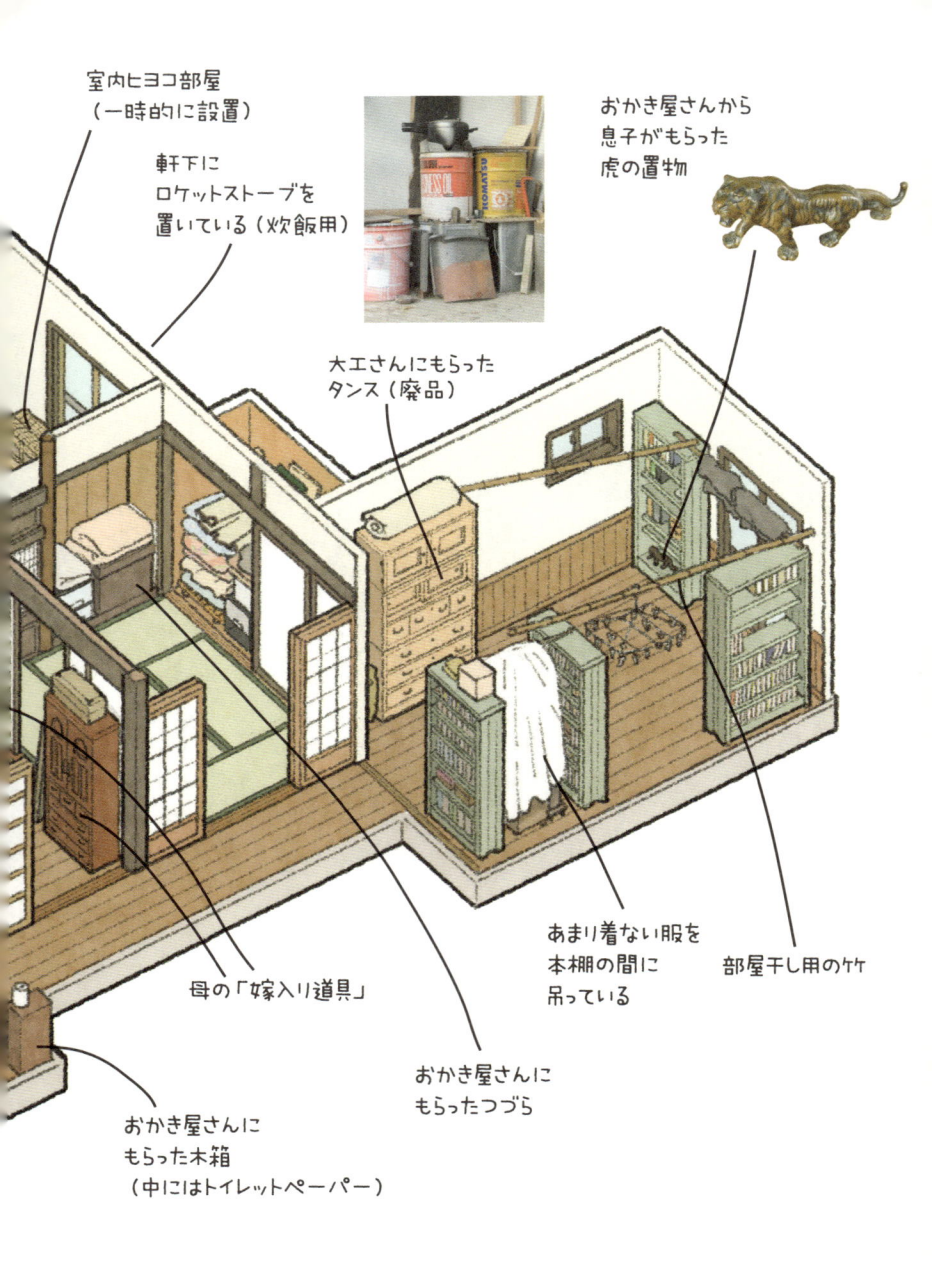

ある日の我が家（内観）

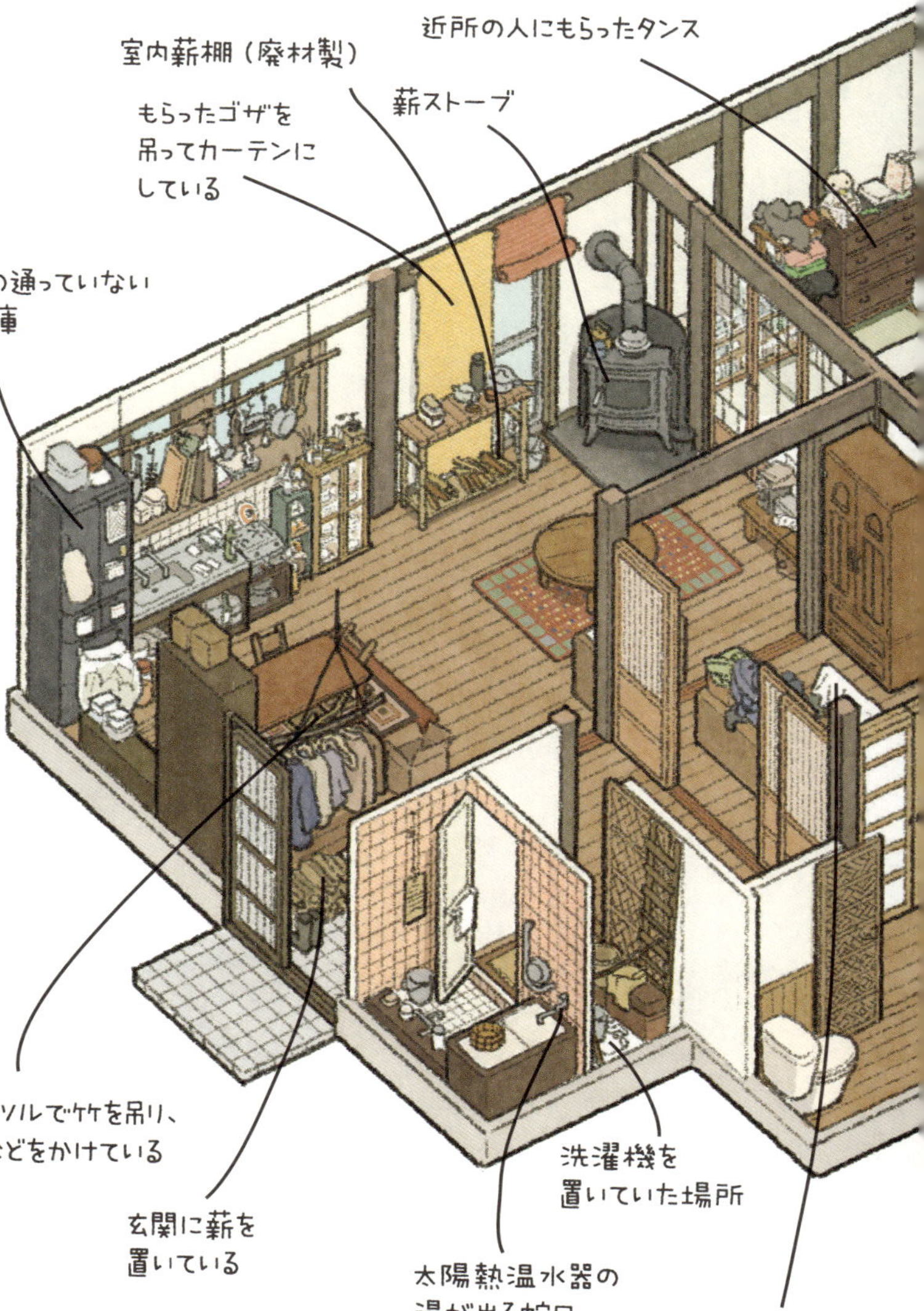

近所の人にもらったタンス
室内薪棚（廃材製）
もらったゴザを
吊ってカーテンに
している
薪ストーブ
電気の通っていない
冷蔵庫
梁からツルで竹を吊り、
半纏などをかけている
玄関に薪を
置いている
洗濯機を
置いていた場所
太陽熱温水器の
湯が出る蛇口
子どもスペース
（わりと片付いている状態

筆者の後ろ姿
（リュックに薪が入っている）

勤務している大学での
「薪づくり作業場」

薪ボイラー

薪ストーブ

薪棚

ある日の弁当

近所で摘んできた野草

へちまタワシ

修繕した茶碗

台所の様子

ニワトリが産んだ卵

ニワトリたちとの暮らし

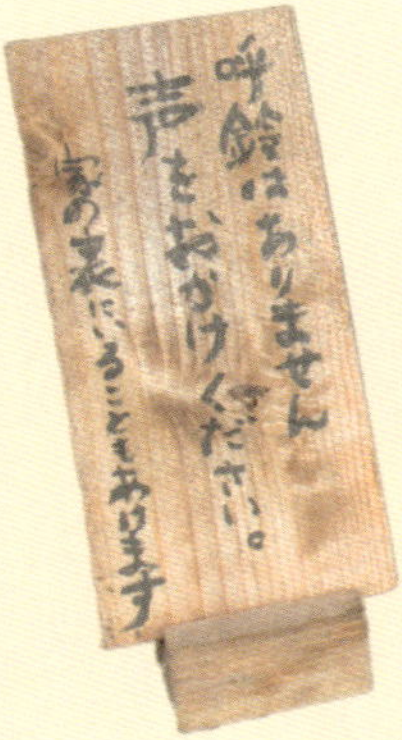

インターホンもなくした

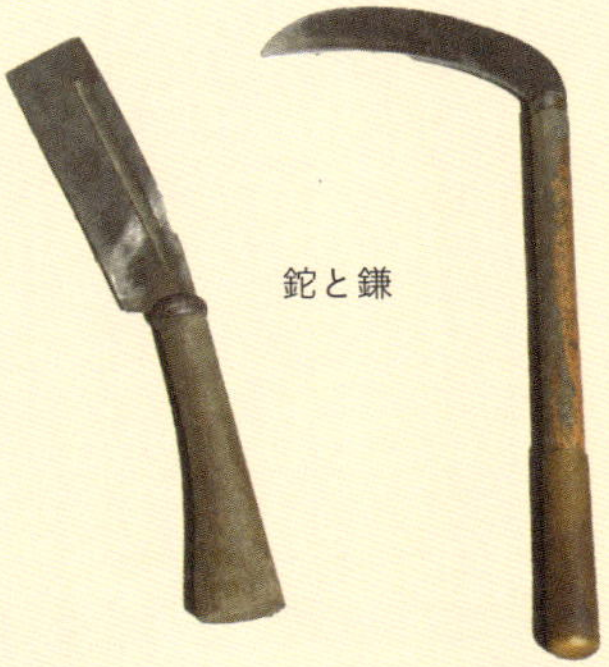

鉈と鎌

家の横の畑（柵は鹿対策）

かご

はじめに

２０２２年の春、私と妻と子ども２人は、京都市内の山里に移り住みました。畑とともにある暮らしを求めてのことです。

この本は、真に持続可能な生活と社会を探る「生活実験」から生まれました。

第Ⅰ部は、かもがわ出版の「ｎｏｔｅ」に連載した内容です。２０２２年9月から２０２４年4月にかけて、山里に暮らすようになってから経験したこと、考えたことを書いています。リアルタイムの実験ノートです。

第Ⅱ部は、解説でもあり、考察でもあります。私たちが山里に移り住んだ理由、生活実験の背景にある思い、新しい暮らしのなかでの気づきなどを記しています。

どこから読んでいただいてもかまいません。興味の向くところから読んでもらえればと思います。

山里の生活実験　サステナブルな暮らしを見つける　もくじ

2部 生活実験の経験と発見

装丁・DTP　本堂やよい

1部

生活実験ノート

1 電化製品、さようなら

冷蔵庫の電源プラグを抜く

（1年目の春）

山里への移住にともなう大きな変化の一つは、冷蔵庫を使わなくなったことだ。不必要に電気を消費するのをやめようと思った。移住と直接の関係はないのだけれど、「これを機会に」といったところだ。

もっとも、冷蔵庫を処分したわけではない。使えるものを捨てるのはもったいない。電源プラグをコンセントにつなぐのをやめ、「食べもの収納庫」として活用してみることにした。

ところが、いざ始めてみると、電気の通っていない冷蔵庫は、扉を開けると嫌な臭いを放つ（雑菌のせいらしい）。これは誤算だった。冷蔵庫の中を（妻が）掃除して、消臭のために竹炭やコーヒーかすを置いてみたけれど、臭いはなくならない。

そこで考えてみると、「冷蔵庫には食べもの」は単なる固定観念でしかないことに思い当たる。冷蔵庫だからといって、食べものを入れなくてもよい。食べものを入れるのをやめれば、臭いは収まっていくんじゃないか。そう思って、保存用の空きビン、水筒、保冷バッグなどを冷蔵庫に収納することにした。製氷室には、スプーン、フォーク、ナイフなどの食器類を入れた。冷凍室には、そば、うどん、そうめん、パスタなど、乾麺類を蓄えた。

電源の入っていない冷蔵庫は、どこに何を置いてもよくて、自由度が高い。ほとんど使わない冷凍室が以前は無駄になっていたけれど、今は有効活用できている。配線や排熱も気にしなくてすむので、冷蔵庫の置き場所も自由だ。部屋の壁に漆喰《しっくい》を塗るため、一時的に冷蔵庫を移動させることになったときには、居間の真ん中に冷蔵庫を鎮座させた。

冷蔵庫を使わないことを人に話すと、「肉はどうするの?」と聞かれたりするけれど、家では肉を食べないので、どうするも何もない。ペットボトル、缶、紙パックといった使い捨て容器に入った飲みものも買わないので、それらを冷やす必要もない。

冷凍食品は、前からほとんど縁がない。

もともと冷蔵庫を十分に活かせていなかったので、「冷蔵庫、要る?」という疑問を抱いたわけだ。「冷蔵庫は必需品」というのも、ただの固定観念かもしれない。固定観念を離れると、新しい生活の可能性が見えてくる。

とはいえ、少し残念なのは、お酒を冷やせないこと。夏に冷たい瓶ビールを飲むことはできない。きりっとした冷酒を楽しむこともできない。一升瓶は調理台の下に置いてあり、ひたすら常温の酒をちびちびやっている。まあ、それはそれで、とてもおいしいのだけれど。

電気を節約する

（1年目の夏に記す）


冷蔵庫を使わなくなって、我が家の電気代は大幅に減った。電気使用量のかなりの部分を冷蔵庫が占めていたようだ。

最近の電気使用量をみると、6月が7キロワット、7月が5キロワット、8月が7キロワットとなっている。どの月も15キロワットを超えていないため、電気代は基本料金（425円）のみだ。4人世帯の平均的な電気使用量は月あたり400キロワット程度らしいので、我が家は電気の消費をかなり抑えていることになる。

私の家には、電子レンジも電気炊飯器もない。ミキサー、トースター、電気ポットもない。食洗機はもちろんない。エアコンもないし、今の家に移ってからは扇風機も使わなくなった。空気清浄機は欲しくもない。掃除には箒《ほうき》を使う。トイレの便座に電気は通っていない。テレビはあるけれど、ほとんど観ていない。昼間なら、電気のブレーカーを落としていても、特に問題ない（実際、妻はそうしていたりする）。

今の家に引っ越してから、部屋数は増えたけれど、天井に吊るす照明器具は減らした。5部屋のうち3部屋には照明器具がない。さすがに居間には照明が欲しいけれど、考えてみると、すべての部屋に照明器具を取り付ける必要はなかった（固定観念を離れよう）。

夜に光が必要なときには、卓上ライトを使う。子どもたちが寝た後は、居間で過ごす夫婦の時間も、卓上ライトですませている。部屋全体は明るくならないけれど、そんなに明るくする理由もない。控えめな蛍光色の灯は、なかなか良い雰囲気だ（外から見ると不気味かもしれない）。

こうした照明と、パソコン関係と、2日に1回くらいの洗濯が、電気の主な用途になっている。

ちなみに、我が家はガスの消費も少なめのようだ。都市ガスが供給されていない地域なので、プロパンガスを使っているのだけれど、1か月の使用量はおよそ2㎥だ。4人世帯の平均の4分の1か5分の1くらいだろうか(とはいえ化石燃料を使ってるんじゃないか、と思われた方。ごめんなさい、その通りです)。

ガス器具は料理用のコンロだけで、給湯や暖房にはガスを使わないので、冬になってもガスの使用量は大きく変わらないと思う。薪ストーブを料理に使うつもりなので、むしろ冬場のほうがガスの消費は減るかもしれない。

給湯器は、我が家にはない。台所や洗面所の蛇口から湯が出ることはない。お風呂は、太陽熱温水器と薪ボイラーでまかなう。暖房は、薪ストーブを基本にするつもりだ。

なお、水道の使用量は、月に6~7㎥くらい。東京都の水道局によると、1人世帯の平均は8・1㎥、4人世帯の平均は23・1㎥ということなので、我が家の暮らしは水についても節約型になっているらしい(なんだ、普通に水道を使っているのか、と思われた方。そうなんです、本当は井戸水とかを使いたいのです。モーターなしで)。

お茶の時間に風呂場に向かう

（1年目の夏に記す）

新しい家に移って初めて使うようになったのは、太陽熱温水器だ。我が家の屋根の上には、太陽熱温水器が乗っている。

水道の圧力で水が屋根に上がり、太陽熱温水器の中で太陽に温められ、風呂場の蛇口をひねると熱い湯が出る。気をつけないと火傷《やけど》するほどの熱さだ。3月の下旬でさえ、手で触り続けられないくらいの熱湯が出た。太陽熱温水器を設置してくれた大工さんも、「すごいですねえ」と感動気味だった。

太陽熱温水器の湯は、お風呂だけでなく、料理にも使う。夏場は、そうめん・うどんを茹《ゆ》でるときに活躍した。ガスコンロで少し火を加えると、短時間で水が沸騰する。そのぶんガスの消費を抑えられる。

ただ、太陽熱温水器からの管が通じているのは風呂場だけなので、湯が欲しいときは、やかんや鍋を持って風呂場に行かなければならない。私たち家族にとっては当たり前のことになってしまったものの、思えば少し風変りな気もする。お客さんが来て、「お茶を」となると、私は台所ではなく風呂場に向かうことになる。客人にとっては驚きかもしれない。

我が家で大活躍している太陽熱温水器だけれど、弱点はある。季節と天気に左右されることだ。太陽が雲で隠れていると、湯の温度は下がる。夏なら雨の日でも十分に熱い湯が出るものの、今の家に住み始めた4月頃は、お風呂に入れるかどうかは天気しだいだった。「今日はお風呂日和《びより》だねえ」などという会話を家族でしていた。

「弱点」と書いてしまったが、考えてみると、暮らしが季節と天気に左右されるのは当たり前のことだ。晴れでも雨でもほとんどおかまいなし、という生活がむしろ異常なのだろう。

太陽の恩恵を直接的に受けることで、ガスを使うのとは違って、ぼんやりとだけれど、自分たちが自然のなかで暮らしていることを感じさせられる。前よりも、季節や天気を意識するようになった。そういう面でも、太陽熱温水器を使うことにして良かったと思っている。

もっとも、自分たちが使っている太陽熱温水器が真に持続可能なものだとは考えていない。遠いところで工業的に製造されているようだし、自分たちで修理するのは難しそうだ。最後に廃棄する場合の方法も、よくわからない。太陽熱温水器については、後ろめたさもある。

風呂場で服を洗う

（1年目の秋から）

10年以上前から使っていた洗濯機が壊れた。数年前から調子が悪く、だましだまし使っていたのだけれど、とうとう終わりがきた。

新しい洗濯機を買うのかどうか、私たち夫婦は迷った。洗濯機は電気を使う。今回のように洗濯機が壊れると、リサイクルに回る部分はあるにしても、土に還らない廃棄物を増やしてしまう。ただ、（衣類の種類にもよるけれど）水滴が垂れなくなるほど素手で絞るのは難しいので、部屋干しするときのことを思うと、少なくとも脱水には道具・機械が要る気がする。

洗濯機を買い替えるか、手動脱水機にするか、妻といっしょに考えた。私たちが出した結論は、「どちらも買わない」だった。まずは手作業でやってみよう。洗濯機なり脱水機なりを買うのは、それからでも遅くない。

夕食のときだったか、家族でテーブルを囲み、「しばらく洗濯機は使わないことにします」と、子どもたち2人に宣言した。「パンツや靴下は、それぞれ自分で洗いましょう」という新しいルールも発表した。小学校5年生の息子は、「えぇ〜」という反応で、「〝しばらく〟って?」ときいてくる。すると、小学校2年生の娘が、平然と、「どうせ、そのまま使わなくなるんやろ」と口をはさむ(よくわかってる!)。洗濯機が壊れたときから、この展開は子どもたちの予想の範囲内にあったのだろう。


とにもかくにも、「洗濯機なし」の生活が始まった。冬場に冷たい水で洗濯するのはつらそうだったし、お風呂の湯を使うことにした。だいたい2日に1回、お風呂に入るときに、風呂場で洗濯をする。洗濯物は絞っておいて、次の日の朝、さらに絞りながら干す。

洗濯機がなくなって変わるのは、洗濯のやり方だけではない。洗濯の負担を抑えるには、手で洗いにくい洗濯物を減らすことが重要になる。最初に封印したのは、バスタオル。洗うのも、絞るのも、一苦労だ。そのくせ、生活に不可欠なわけではない。

洗濯機がなくなってみると、バスタオルを使うなんて、ばかげているとしか思えない。昔ながらの手ぬぐいのすばらしさが身にしみる。

何を着るか、何を使うかは、洗濯機の存在と切り離せない。洗濯機をなくしてみて、そのことを痛感する。靴下を洗うのはそれほど大変ではないものの、手作業で洗濯するとなると、「そもそも夏に靴下をはく必要があるの?」「夏に靴をはくのは合理的なの?」という疑問が浮かんでくる。

キルティング加工された冬用パジャマも、手で洗ってみると、「ろくでもない!」と感じてしまう代物だ。暖かさには助けられているけれど、洗濯のことを考えると、ふんわりした衣類を着るのかどうか、迷ってしまう。

ともあれ、ズボンやトレーナーには苦戦しつつも、手作業で洗濯してみて、「思ったよりはいける」と感じている。大量の布おむつを使っていた頃だときつかったな、綿毛布を洗うのは大変だな、とか思うけれど、今のところ何とかなっている(水道水の使用量も大幅に減った)。

テレビから離れる

（2年目の秋に記す）

家でテレビを観なくなってから1年くらいになる。録画していた『となりのトトロ』を家族4人で観たのが最後だ。

冷蔵庫や洗濯機と違って、「やめてみよう」と決意したわけではない。今の家に移ってきてから、だんだんテレビを観なくなった。すると、ほとんど観ないテレビが部屋の中に居座っているのが厄介に思えてくる。そこで、配線をはずして、テレビを奥の部屋の隅に追いやった。そうなると、たまに観たい番組があっても、テレビを運んでコードをつなぐところから始めないといけない。それは大変なので、結局はテレビを観なくなった。

子どもたちは前からほとんどテレビを観ていなかったので、子どもたちの生活に大きな変化はない。テレビのない生活を子どもたちがどう思っているのかは、いまいちわからない。納得しているのか、あきらめているのか……。とりあえず、「テレビを観させろ！」という暴動は起きていない。図書館で借りてきた本やマンガを読んだり、将棋をしてみたり、最近ではニワトリたちの相手をしてみたりしながら、子どもたちなりに楽しみを見つけているようだ。

子どもたちには、「いろんな暮らし方がある」「テレビを観ない家もある」「自分たちの〝先輩〟や〝仲間〟もいる」という感覚をもってもらいたい。親の勝手な希望かもしれないけれど、そんな思いもあって、今年の夏、子どもたちといっしょに、（京都府北部の）綾部市にある農家民宿におじゃました。田んぼや畑をしているご夫婦が、自分たちの育てた米や野菜を使ったビーガン料理を食べさせてくれるところだ。中学生の娘さんがいるのだけれど、家にテレビはない。娘さんは、うちの子たちと、トランプをしたり、木のパズルゲームをしたりして、遊んでくれた。

テレビを観ない生活になって、親のほうはどうかと言うと、思った以上にすんなり慣れてしまっている。「多少はテレビを観ないと世間についていけないのでは……」という漠然とした不安があったものの、今のところ困っている実感はない。考えてみると、私の場合、少しくらいテレビを観たところで、世間にはついていけそうにない。テレビを観ていたときから、もともと流行にはついていけてない。

それから、近頃では、「地元の大事な話は、テレビでは流れない」とも感じている。〇〇さんが入院して手術をすることになった、とか。駐在所に新しい人が来る、とか。あそこの空き家が取り壊された、とか。あの人は卓球がうまいらしい、とか。AさんとBさんは小学校からの同級生で2人とも70歳、とか。あの子のお父さんは庭師で、あの子のお母さんは写真家、とか。〇〇さんが補聴器を新しくした、とか。知る必要があるのかどうか謎なものも含めて、少なくとも芸能人の結婚話や東京のグルメ情報よりは気になる話だ。

最近は、新聞のテレビ欄も見なくなった。少し前までは、テレビを観なくても、ときどきテレビ欄を見ては、「こういう番組をやっているのか」とか、「今のワイドショーの話題はこれか」とか思っていたけれど、そういうことさえなくなってきた。テレビ欄は、我が家には関係の薄いページで、物を包んだりするときにしか使わない。新聞にテレビ欄が必要なのだろうか、などと思い始めている。

たまに公衆電話を使う

私は10年くらい前にケータイを解約した。市場経済・資本主義経済となるべく距離を置きたくて、自分の生活のなかで削れるものを考えた。ケータイは必要ないことに気がついた。

私の場合、大学の研究室に電話機があるという、少し特別な環境で生活している。そして、たいていの連絡はパソコンのメールでしている。そういうふうだと、ケータイがなくても特に困らない（まわりの人は困っているかもしれない）。

誰にでも「スマホなし」を勧めようとは思わないものの、すべての人にスマホが必須なわけでもないと思う。

ただ、「スマホなし」の生活は、どんどん厳しさを増している。何かの予約をするにも、携帯電話番号を求められる。ＰＴＡの連絡もＬＩＮＥが主流になっている。フェリーに乗るときにも、劇場に入るときにも、「スマホの画面でＱＲコードを提示してください」と指示されたりする。「ＱＲコードを読み取ってください」と言われることも多くなった。たいていは無視すればよいのだけれど、飲食店で「QRコードを使ってスマホで注文してください」と言われるのには閉口する。それから、最近では、パソコン関係の「2要素認証」に苦労している。スマホがあればスマホでパスワードを受けとれるけれど、私はそういうわけにいかないので、なかなか悩ましい。

私の専門の障害児教育に絡めて言えば、今の日本の社会は「ユニバーサルデザイン」になっていない。「スマホなし」の人の「インクルージョン（包摂）」が十分に考えられていない。

そういう世の中なので、私自身は「スマホなし」だけれど、妻はスマホをもっている。妻は、少し前まではガラケーを使っていて、ガラケーが使えなくなるということで、半ば強制的にスマホをもたされることになった。

私は、妻のスマホに頼っている。連絡先として携帯電話番号が必要なときは、妻のスマホの番号を（勝手に）書いたりしている。誰かと電話で話すときは、妻のスマホを使う。妻にすれば迷惑なことかもしれないけれど、そうやってスマホを一家に1台で抑えている。

スマホを手放すわけにいかない妻には悪いけれど、スマホをもたない生活は身軽で気楽だ。急に連絡が入ることはない。パソコンを開かない限り、返信にも追われない。充電に気を配る必要もないし、スマホを置き忘れる心配もない。

スマホを持ち歩いていないからといって、大きな不便は感じない（まわりの人は感じているかもしれない）。出かけ先で電話をかけたいときは（ほとんどないけれど）、テレホンカードを使って公衆電話からかける。妻が出かけているときに家から電話をかけたいときは（ほとんどないけれど）、近くのバス停の脇にある電話ボックスに行く（後で書くように、家では固定電話を使っていない）。電話ボックスはいつも空いていて、順番待ちをすることはない。

スマホをもっていない生活の感覚、公衆電話を意識するという感覚を、ご理解いただけるだろうか。私には、スマホをもっている生活の感覚がいまいちわからない（スマホの使い方も、ろくにわからない）。

テレホンカード
どこで手に入るか知っていますか？

黒電話をあきらめる

私の家には、ある老舗おかき屋さんにもらったものが多い。おかき屋さんが廃業することになり、ひょんなことから、不要なものを譲ってもらった。道具類を入れたりする大きな木箱、昆布などを保存するのに便利な四角で銀色の缶、畑の柵などに使っている網、いろいろ収納している大きな「つづら」など、いただき物にお世話になっている。私の家のそこかしこで、おかき屋さんの名前が目に入る。

店の名前は入っていないけれど、大学から家に薪を運んだりするリュックも、おかき屋さんで見つけたものだ。まだ使い道を決められない木製のはしごも、おかき屋さんで使われていた。息子は、ずっしりとした金属の虎の置物をもらった（もらうことに親は反対した）。虎が鎮座している部屋を、我が家では「虎の間」と呼んでいる（話をしやすいように、各部屋に名前を付けている）。

おかき屋さんで心ひかれたものの一つが、ダイヤル式の黒電話だ。見た目が素朴で落ち着きがあるのも魅力だけれど、電源コードをつながなくても電話線だけで使えるのがうれしい。おかき屋さん（の息子さん）にお願いして、これも譲っていただいた。

ダイヤル式の電話というのは、懐かしい。子どもの頃、家にあった電話は、黒ではなかったけれど、ダイヤル式だった。かける相手の電話番号によって、ダイヤルする時間に差があったりする。「090」とか「080」は、ダイヤルを回す終点までが遠く、なんだか面倒な番号だ。そう言えば、電話機によっても、ダイヤルがやけにゆっくり戻るものと、やたら早く戻るものとがあった。

そんなことを思い出しながら、新しい家に移ったら黒電話を使おうと、楽しみにしていた。

ところが、いざ使おうとすると、我が家では黒電話を使えないことがわかった。仕組みはよく理解できないのだけれど、回線の関係らしい。インターネットにも使うモデムと黒電話とをつないでも、電話はつながらない。普通の電話線は、改修前には大黒柱のあたりに出ていたのだけれど、気がつくとなくなっていた。残念ながら、黒電話は使えない。

仕方がないので、前の家で使っていた電話機を使うことにした。モデムの電源を入れないと電話がつながらないのだけれど、ほとんどかかってこない電話のために電気を通し続けるのが嫌で、しばらくは電話（やインターネット）を使うときだけモデムの電源を入れるようにしていた。しかし、それだと電話を置いている意味があまりない。誰かが我が家に電話をかけても、よっぽどタイミングが良くない限り、つながらない。

結局、家では固定電話を使わなくなった。妻のスマホが唯一の電話になった。妻がスマホを持って出かけると、我が家は「電話なし」になる。

まあ、電話機にせよ、冷蔵庫にせよ、洗濯機にせよ、家から機械が減っていくのは悪くない。ただ、黒電話など、子どもの頃に見ていたものが消えていくことに、何となく寂しさを感じる。おかき屋さんが店を閉じることになったのは、とても残念だ。

黒電話

2　薪という再生可能エネルギー

薪ボイラーに挑む

（1年目の秋に記す）

太陽熱温水器だけでは、冬場に熱いお風呂に入ることができない。寒い時期には、薪ボイラーを使う。

家に薪ボイラーを設置することになったのは、ほとんどなりゆきだ。世界的な半導体不足の影響で、給湯器がいつ手に入るかわからない、というところから始まった（給湯器に半導体が使われていることに驚いた）。

お世話になっていた大工さんは、「薪ボイラーなら手に入りますよ～」と教えてくれた。「この家族なら、薪ボイラーでも〝うん〟と言うかも」と思ったのかもしれない。台所にコンセントはいりません、トイレに換気扇はいりません、インターホンはなくしてください、などと、いくつも非常識なことをお願いしていたから。

とはいえ、薪ボイラーを使うことは、まるで考えていなかった。お風呂は元からのものを残すことにしていたし、壊れていたガス給湯器を新しいものに取り換えるのだと思っていた。

私と妻は、「薪ボイラーか……」となった。私たちにとって、薪ボイラーを使うというのは、なかなか難度の高いことに感じられた。草刈機を使わずに鎌を使うとか、自動車を使わずに自転車を使うとかいうのとは、わけが違う。

薪ボイラーがどういうものか、まずは実際に見てみることになった。大工さんは、薪ボイラーで風呂を沸かしている家が近所にあるからと、そこに連れていってくれた（地元の大工さんに頼めてよかった！）。そして、その家の方は、薪ボイラーの使い方、煙突の掃除の仕方、薪の割り方などを、とても親切に教えてくれた。「薪のお風呂は体がとても温まりますよ～」という話も聞かせてもらった（不思議なことだけれど、これは本当にそうだった。ぽかぽか感が持続して、すごく気持ちがいい）。

給湯器の見通しが立たなかったし、薪ボイラーでやってみよう、ということになった。ところが、考えることは、そこで終わらない。「バーナー付き」にするかどうかを決めなければならなかった。バーナーがあると、灯油で火をつけることができるらしい。

バーナーがあると少し楽なようだったけれど、灯油タンクを設置することになるし、やっかいな面もある。何より、薪を使うと決めたのだから、化石燃料に頼らず、潔く薪だけでやってみたい気がした（バーナーは、後から取り付けることもできるらしいし……）。

そういうわけで、我が家の薪ボイラーにはバーナーが付いていない。薪に火をつけるところから、うまくやらなければいけない。ライターで新聞紙なり杉の葉なりに火をつけ、大きめの薪に火を移していくのだけれど、いざ挑戦してみると、これが難しかった。なかなか薪が燃えてくれない。これでは、お風呂に入れない。前途多難だ。

夏場は太陽熱温水器のおかげで薪ボイラーを使わずにすんだものの、秋が深まると薪ボイラーの出番が来る。薪ボイラーの腕を磨かなければ……。

鋸にしがみつく

（1年目の秋に記す）

薪ボイラーや薪ストーブを使うためには、薪が要る。寒い時期に備えて、薪を蓄えなければならない。春に移住してから、こつこつ薪を集める日々が続いている。

薪づくりの方法を調べると、たいていはチェーンソーで木を切るところから説明が始まる。けれども、私はチェーンソーを使いたくない。機械や化石燃料は、なるべく避けたい。チェーンソーで木を切り、トラックで薪を運ぶと、薪を使う意義が薄れる。機械でつくられ、機械で運ばれる薪は、温室効果ガスの排出をともなう。

それに、山に囲まれながら、ザッ、ザッ、と鋸《のこぎり》の音を感じながら木を切るのは、なかなか良いものだ。チェーンソーで大きな音を出していては、この充実感は得られないと思う。

鋸を使うのが木への礼儀なのでは、という感覚もある。樹木という生きものの身体に向き合うときには、それにふさわしい姿勢があってよいはずだ。チェーンソーを使うのは、木に失礼な気がする（道具が違うだけで、やってることは同じでしょ、という意見もあるでしょう。反論はできません。このあたりは、理屈というより、気持ちです）。

もっとも、正直に言うと、チェーンソーを使わない一番の理由は、「怖い」ということかもしれない。看護師をしている親戚が、チェーンソーで負傷した人の話をしていたことがある。傷口がぐちゃぐちゃで、ひどい状態だったそうだ。鋸でもケガはするけれど、たぶん大ケガはしにくい。

ともあれ、家が放置されていた期間に茂った木を何とかする必要もあったので、引っ越してすぐに薪づくり生活が始まった。最初はあり合わせの道具でやっていたのだけれど、木を切り始めて感じるようになったのは、「薪づくりに合った鋸が要るのでは？」ということ。

近所の方から、不要になっていた「穴挽鋸《あなひきのこ》」を譲ってもらえて、それを使ってみた。切れる、切れる。ザクザク切れる。なんてすごいんだろう。今までの苦労は何だったんだろう。道具って、偉大だ。鋸は、人間の知と技の結晶だ。

とはいえ、後で説明する事情で2本目の穴挽鋸を求めにいった金物屋さんのホームページで「のこぎり」の欄を読むと、鋸への愛が感じられる記述の後に、チェーンソーには負けます、という注意書きがある。電動のチェーンソーなら、魂も何もなくても、あっけなく一瞬で切れてしまいます、と。

たしかに、今の家で暮らすようになってから、機械の威力を思い知らされることは少なくない。

でも負けないぞ、と思っている。やれるところまで、鋸でやってみたい。

大学から薪を持ち帰る

（1年目の春から）

薪ストーブや薪ボイラーを使う生活には、たくさんの薪が必要だ。しかし、私たち家族は、山をもっているわけではない。薪にする木の入手が大きな課題になる。

思いついたのは、大学で薪を調達するという方法。私が勤める京都教育大学は、たいへん草木の多い大学だ（夏は蚊も多い）。この環境を活かさない手はない。

折れた枝や切った枝を、大学は業者さんに頼んで廃棄に回している。エネルギーと費用を使って資源を処分するなんて……。木の枝は、有効活用させていただこう。集積場の「廃棄物」の山は、私には宝の山に見える。

「普通の鋸」（小）と穴挽鋸（大）

学内の環境整備を担っている職員さんと話したら、薪によさそうな手頃な枝を確保してもらえることになった。私の研究室から近い薪づくり作業場（と私が勝手に決めた場所）に木を置いてくれる。たいへんありがたいことで、感謝でいっぱいだ。研究室に備えた穴挽鋸で、仕事の空き時間に木を切っている。

問題は、遠く離れた自宅までの薪の運搬。クルマは使いたくないし、そもそも私はクルマをもっていない。仕方がないので、通勤に合わせて、少しずつ、せっせと薪を家に持ち帰ることにした。

薪を入れるのは、大きな布のリュックだ。老舗のおかき屋さんが廃業されるときに、ひょんなことから譲っていただいた品の一つ。旧日本軍のものらしく、兵隊が足に巻くゲートルといっしょに手に入れた。米軍基地と自衛隊の解体を望む私としては、軍事用品を使うのは気が引けたけれども、迷彩柄というわけではなく、見た目には軍隊色が薄い印象だったので、使うことにした（ゲートルは使っていない）。たっぷり入る丈夫なリュックなので、助かっている。

薪をリュックに入れたら、それを自転車の後ろカゴに積んで、駅まで自転車に乗って走る。そして、電車に乗り、バスに乗り、家の前でバスを降りる。リュックを背負って歩く距離は長くない。だから何とかなっている。木の枝がのぞく古風な大容量リュックを持って電車に乗るのは少し(かなり?)怪しい感じかもしれないが、この際それは気にしない。

ただ、リュックで薪を運ぶのは、なかなかきつい。せっかくの大容量リュックではあるものの、ぎっしり薪を詰めこむと肩や腰がもたないことがわかった。一度に多く運びたい気持ちと、自分の体をいたわりたい気持ちがせめぎ合う。

やっぱり、遠いところから薪を運ぶというのは、どうも持続可能なものではない。薪にしても地産地消が最善なのだと、痛感している。

(1年目の冬)

惜しみつつ薪を燃やす

この冬から、我が家では薪ストーブを使うことになった。石油やガスや電気をなるべく使わないようにするためだ。

薪ストーブの話をすると、「優雅だね」と言われたりする。たしかに、ストーブの炎を眺めながら家族で食卓を囲み、子どもたちが寝た後にストーブの隣でゆっくりするのは、なかなか幸せな時間だ。そして、薪ストーブは家の中で一番高価な備品で、ぜいたく品とも言える。

とはいえ、薪ストーブを使う生活は、（我が家では）それほど優雅ではない。

まず、薪の調達が一大事業だ。薪棚に木が並んだ後も、ストーブが活躍する時期になれば、薪が雨や雪で湿らないように少しずつ玄関に運び入れておく必要がある。そのうえ、ストーブを使うときには、薪がうまく燃えるよう、世話をしなければならない。薪ストーブを使う光景も、そう美しいとは限らない。朝食や夕食の前には、やかん、米を炊く圧力鍋、味噌汁の鍋、野菜の煮物の鍋などが、所せましとストーブの上に並ぶ。カタログの写真のようにはいかない。

また、薪ストーブは、火をつけるのにも時間がかかる。最初にストーブの中に薪や柴を組まなければならない。毎度キャンプファイヤーをしているような感じだ。うまく炎が安定してからも、部屋がそこそこ暖かくなるまでに1時間くらいかかる。だから、朝早くに家族みんなで家を出るときは、「ちょっと薪ストーブをつけて……」なんてことにはならない。寒さをこらえて支度する。

さらに、当たり前のことながら、薪ストーブを使うと薪が減る。もったいないので、控えめに薪を使っている。じゃんじゃん薪を燃やせば、ストーブのある部屋だけでなく、ほとんど家全体が温まるそうだし、実際そういう気はするけれど、薪を確保する苦労を思うと、そんなことは現実にはとてもできない。薪をぜいたくに使うのは、お客さんが来たときくらいだろうか。

冬の生活は、薪ストーブのリズムに合わせることになった。夕方に薪を燃やして、夕食後は余熱で過ごし、部屋が冷えてくる前に布団に入る。朝は（たいていは妻が）5時に起きて、薪ストーブに火をつける。

「暖」と「食」の中心にストーブの火がある。その火を与えてくれるのは薪で、薪を与えてくれるのは土地だ。一つの家族が暮らすためには、本来、田畑のほかにも、広大な土地が必要になるようだ。そんなことを、薪ストーブを通して実感する。

化石燃料がどれだけ驚異的なものなのか、ということも思い知らされている気がする。たった4人の家族が冬を越すだけで大量の薪が要るのに、それを石油やガスは代替してしまえる（数億年の蓄積に手をつけていることにぞっとするけれど）。

ただ、石油やガスは、それが何なのか、どこから来ているのか、それを燃やすことで何が起きるのか、肌身で感じづらい。一方で、木を集めて、切って、割って、乾かして、燃やすと、自分が何をしているのか、いくらか理解しやすい。それは大事なことだと思う。

大学に薪棚を置く

（2年目の晩秋に記す）

薪の季節になってきた。薪ストーブや薪ボイラーを使う季節は、1年先の冬に向けて薪づくりを進める時期でもある。剪定された枝が冬場に多く出てくるし、暑くなくて蚊が少ないときのほうが、木を切ったり割ったりする作業がしやすい。

しばらく前に、大学で薪棚を組み立て、薪づくり作業場（と自分で勝手に決めた場所）に置いた。それまでは平行に並べた2本の木の上に薪を積み上げていたのだけれど、薪をきちんと棚に入れることにした。

薪棚があったほうが収まりがよい、というのも理由だけれど、薪棚で半年くらい乾燥させてから薪を家に移すようにしようと思った。木が乾くと、体積も減るし、軽くなる。地道にリュックで持ち帰るにせよ、まとめて車で運んでもらうにせよ、薪は乾燥させてから運んだほうが合理的だ。そう考えて、「切っては持ち帰る」というのをやめることにした。

薪棚を作るのはやりすぎかなあ、というためらいはあった。薪づくりは、大学（施設課）に許可をもらってやっていることではない。薪棚まで置いてしまうと、さすがに何か言われるかもしれない。ただ、薪づくりをするなかで、切る前の枝や切った後の薪が作業場にかなり広がるようになっていた。ためらうのは、「何を今さら」という感じもした。それで、薪棚の設置を決行した。

やってみると、思った以上に、薪棚は風景になじんでいる。まわりの木や草と調和している印象だ。こういうふうになるのは、京都教育大学の良いところだろう。殺風景な現代的ビルディングばかりの大学だと、こうはいかない。

大学の雰囲気のなかで違和感が薄いせいなのか、薪づくりの作業にしても、薪棚の存在にしても、私が思っていたより自然に受けとめてもらっている気がする。横を通る学生さんたちも、特に目立った反応は示さない。大学のキャンパスの中にぽつんと薪棚があることも、作業着でもない中年男性が鋸で木を切っていることも、冷静に考えると当たり前の光景ではないはずなのだけれど、学生さんたちは平然と素通りしていく。

それはそれでよいものの、そこに薪や薪棚があることの理由や意味をいくらか想像してみてもらえたら、という思いは少しある。たくさんの樹木が大学で生きていること、木の手入れがされていること、切られた枝はどこかに運ばれていること、枝は薪としても使えることなどは、たまに意識してみてもよい気がする。

もっとも、私が薪づくりをしている理由をわかってもらうのは、けっこう難しいことだろう。薪棚のある作業場を見て、「気候変動の問題を考えて、薪づくりをしているんだな」と察してくれる人は、たぶん少ない。

ちゃんと説明しようと思って、「なるべくガスや電気を使いたくないので」という話をしても、「薪を燃やしても二酸化炭素が出ますよね」と言われたりする（それ自体は、その通りだし、大事な視点ですが……）。

薪づくりの真意を伝えるのは簡単でないけれど、まあ、一生懸命に伝えることもないと思っている。「大学で切られた木を薪にして使うのもありなんだ」「そういうことをする人もいるんだなあ」「けっこう自由にやっていいのかな」と、漠然とでも感じてもらえるとうれしい。大学という場の味、大学の魅力って、本当はそういう「いろいろありな雰囲気」にもあると思う。

チェーンソーを握る

（3年目の春に記す）

実は1年ほど前からチェーンソーを使っている。薪づくりのためだ。できるだけ機械や電気を使いたくないので、なるべく鋸だけで薪づくりをしたかったのだけれど、チェーンソーに手を出すことなった。

薪にする木の入手方法が関係している。移り住んで最初の年は、すぐ近くの山で伐られて山積みに置かれていた杉の枝をもらっていた。それは鋸で切ることができた。ただ、いつまでも近所の杉に頼れるわけではない。持続的な薪の入手方法を考えていたところ、学校の保護者仲間で薪ストーブを使っている人が仲介してくれて、造園業者の方にトラックで木を届けてもらえることになった。伐採されて、処分される木だ。地元で育った大きなケヤキや、京都市内の円山公園で生きていたシイが、我が家にやってきた。そこそこ長くて太い、ごつい木が、家の横で山をなした。

直径10センチ以下の枝なら、それほど苦労しなくても鋸で切れる。15センチくらいのものも、手強いけれど、がんばれば切れなくはない。ところが、20センチほどになると、「うっ……」となる。30センチ近いものを前にすると、丸太を切るための穴挽鋸を手にしてさえ、とても気力がわいてこない。

木を鋸で切る大変さは、木の直径に比例しない。断面積に比例するわけでもない。ある程度の太さまでは、太さに応じた時間をかければ、無理なく切れる。ところが、その「ある程度」を超えると、うんざりするほどしんどくなる。途中まで切れた木の断面に鋸の刃が挟まってしまい、鋸を動かしにくくなる。仕方なく別の角度から切り進めると、先に切っていたところとずれて残念な結果になってしまうこともある。

ごろごろと積み上がったケヤキやシイを前にして、チェーンソーに頼るしかないと思った。何かとお世話になっている近所の方にお願いして、チェーンソーの使い方を教えてもらい、電動式チェーンソーを借りた。

チェーンソーを使ってみると、恐怖感は思っていたより少なかった。油断せず、基本的な注意点をしっかり守っていれば、大きなケガはしなくてすみそうだ。

とはいえ、太い木は、手頃な長さに切った後に斧で割るのにも苦労をする。シイの割り方はコツをつかんだものの、ケヤキを割るのが難しかった。また、ケヤキにせよ、シイにせよ、枝分かれの部分や、木の繊維がひどく複雑になっている部分は、なかなか斧では割れない。

　薪づくり初心者の素朴な感覚からすると、直径が20センチ以上もあるような太い枝や幹を日常の薪に用いるというのは、当たり前のことではないように思う。「自動車で運搬→チェーンソーで切断（玉切り）→薪割機で破砕」といった流れを前提にした、機械文明の産物のような気もする。

　本当は、細い「柴」を生活の中心に据えるのが自然なのかもしれない。桃太郎のおじいさんも、山へ柴刈りに行ったのであって、丸太を伐り出しに行ったわけではない。二宮金次郎の銅像も、太い木を割った「薪」ではなく、「柴」を背負っている。

　ただ、手頃な枝を集めるためには、そのための土地が必要になる。土地に心当たりがない私たちは、造園業者から運ばれてくる木に頼るしかない。そうすると、チェー

太い松の木を斧で割っていく

ンソーを使うことになる。

薪のつくり方にしても、社会の仕組みと切り離しては考えられない。

コラム　**カリンを惜しむ**

私が勤める大学では、秋が深まる頃から、樹木の剪定が進められる。ときどき、教職員への一括送信メールで剪定作業のお知らせが届く。

以前は意識することなくメールを「ごみ箱」に送っていたのだけれど、大学で薪づくりをするようになってからというもの、しっかり連絡内容を確認するようになった。伐られた枝を確保しなければならないからだ。

剪定作業をしている現場に行けば、業者の方と話ができたりする。うまくいけば、枝を適度な長さに切ってもらえたり、大学内に私が（勝手に）設けた薪づくり作業場まで枝を運んでもらえたりする。業者さんとしても、私に枝を渡してしまえば、枝の処分に手間と費用をかけなくてすむ。

先日、「支障樹木を伐ります」というメールが届いたので、作業日時を覚えておいた。「支障樹木というのは、どれのことだろう?」と思いながら対象の場所に行ってみると、背の高いカリンの木が大胆に剪定されていた。

作業をしていた方に聞いてみると、カリンの実が落ちてくると危ないから枝を伐るという話だった。たしかに、カリンの実は大きくて堅いから、頭に当たると大変なことになりそうだ。とはいえ、それを防ぐために片っ端から枝を伐ってしまうのは、なんとも残念な気がした。

モヤモヤしつつも、伐られてしまったものは仕方がないので、とりあえず、薪にしやすそうな枝を薪づくり作業場に運んだ。そして、熟しきっていない実が地面にたくさん散らばっていたので、それを拾い集めて研究室に持ち帰った。

大量に拾った実は、カリンのシロップを作るという人に渡したり、カリン酒を試してみるという知り合いに引き取ってもらったり、カフェを営んでいる方に届けたりした。それでも、大学のカリンの木のまわりには、まだまだ実が残っていた(拾う人は少ないようだ)。

それにしても、カリンの実が落ちてくると危ないから枝を伐るという発想は、いかがなものだろう。

異国の地では落ちてきたヤシの実で亡くなる人がときどきいるそうだけれど、カリンの実で大ケガをしたという人の話を私は聞いたことがない。安全の確保も無視はできないものの、カリンの実の落下を心配するくらいなら、そこらを自動車が走り回っていることをもっと心配したほうがよい気もする。私自身は、カリンの実に当たってしまうことがあったら、まれにみる不運と思ってあきらめたい。

敷地の管理者として大学が不安を感じるのであれば、「カリンの実の落下に注意してください」という（イラスト付きの）立札でも置いておけばよいかもしれない。枝を伐ることだけが解決策というわけでもないだろう。

大学が本気で安全を追求するというのなら、私としては、先に学内の自動販売機を撤去してほしい。売られているものの大半は、多かれ少なかれ、人間の体にとって危険な気がする。自動販売機に電気を使って温室効果ガスを発生させることも、間接的に私たちの安全を脅かす。

大学だけの話ではない。社会全体を考えても、「落石に注意」とか「スズメバチに注意」といった掲示をすることばかりが大事だとは思えない。強く注意を呼びかけたほうがよいものが、ほかにいろいろある気がする。

3 クルマをもたずに山里暮らし

生きものの死を見つめる

（1年目の秋）

先日、家から50メートルほどのところで1頭の雌鹿が亡くなっていた。見たところ目立った外傷はなく、血が流れたようでもなかったけれど、脚は硬直していて、ハエが集まってきていた。

近所の人と相談して、猟友会の方に来てもらった。その方によると、クルマにはねられたのではないか、とのこと。道路からは少し離れたところに倒れていたのだけれど、クルマとぶつかり、いくらか自力で歩いてから力尽きたようだった。鹿の遺体は、猟友会の方が引き取ってくれた。

鹿が死んでいると、ちょっとした騒ぎになる。一方で、話題になることさえないままクルマに殺されている生きものが少なくない。都会に比べると目に入る生きものが多いぶん、そのことが気になる。

5年生の息子が言うには、「雨が降った後に多い」のだそうだ。あちこちで、ヘビやムカデやカニやミミズがつぶれている。活動的になった生きものが路上に出てきて、人間社会の犠牲になるのだろう。

小学生の子どもたち2人は、学校から2キロメートルほどの道のりを歩いて家に帰っている。だから、路上で命を奪われた生きものの姿をよく見ている。

一方、あまり道を歩かない人もいる。日常的にクルマに乗っていると、道を歩く機会が減る。田舎の道を歩く人は、必ずしも多くない。子どもたちが森の道を歩いて家に帰ることも、驚かれることがある（驚く人も、昔は同じ道を歩いて通学していたのだったりするのだけれど）。

クルマに乗っている人は、自分のクルマがカマキリを殺していることに気がつかないかもしれない。他人のクルマにひかれた生きものの遺体も、走るクルマの中からでは見えにくい。

殺した自覚が加害者にあろうとなかろうと、被害者の死に変わりはないのだから、つぶされて干からびたカマキリにとっては、加害者の自覚などどうでもよいことかもしれない。ただ、加害者が加害に気づくことさえないのは、なんだか理不尽な気がする。他人ごとではない。私は毎日のようにバスに乗っている。バスの大きなタイヤで踏みつぶされている生きものは少なくないだろう。それでも、バスに乗っている私は、そのことに気づかない。カエルが無残な死を強いられているときにも、私はただ黙々と本を読んでいるはずだ。

クルマには、現代社会の闇を象徴するような側面がある。

（1年目の冬に記す）

自転車で暗闇を抜ける

クルマがあったら違うなあ、と思うことがないわけではない。一つは、大学から家に薪を運ばなければならないとき。もう一つは、帰宅が夜遅くになってしまうとき。

家の前を通るバスは、夜7時に着く便が最終だ。その便に間に合わないときは、家から2キロメートルほどのところにある「駅（ターミナル）」までバスで帰る。駅まででなら、夜は1時間に1本くらいだけれど、わりと遅くまでバスが走っている（10時半くらいに着く便が最後）。

バスの駅からは、たいていの場合、自転車で帰る。駅の近くに、普通の駐輪場はないものの、自転車を置かせてもらえるところがある。春に移り住んだときには、その「駐輪場」はなかったのだけれど、自治連合会長さんらのはからいで、駅の近くの方が場所を提供してくれることになった。とても助かっていて、ありがたい。

自転車がないと、駅から歩いて帰ることになる。家まで、たいした距離でないとはいえ、なにしろ都会の道ではない。駅のまわりには人が住んでいて、家路の途中にも集落があったりはするけれど、谷間の森を抜けていかないと、家にはたどりつけない。

そして、森を通る道は暗い。まばらに道路灯が立っているものの、少し離れたところでは、自分の足元さえ見えないことがある。大きな枝や石が落ちていないか、クルマにひき殺されたヘビがいないかは、道路灯の光だけではわかりにくい。

何メートルか下を流れる川の音を聞きながら、いくらか心細くなりつつ、急ぎ足で歩くことになる。

ところが、自転車があると、森の暗闇を走り抜けることができる。自転車のライトがとても頼もしい。以前は、住宅街の道は夜でも明るいので、ライトの必要性さえ感じにくかった。今は、自分で照らしながら走っているという実感がある。

ただ、自転車でも緊張感はある。しっかり路面の状態を見ていないと、事故を起こしてしまいそうだ。それに、ときどき4本足の影がチョコチョコと道を横切ったりする。道の脇の茂みで急にガサゴソッと音がして、ドタドタッと何かが走り去る音が聞こえることも珍しくない(鹿だろう)。夜の森は、自転車に乗っていても、ちょっと怖い。

真冬には自転車に乗れないことも増えるのでは、と心配している。雪が積もると、自転車では走れない。アスファルトの路面が凍結していると、とても危険だ。暗いと道が凍っているかどうかもわかりにくいので、用心のために自転車をあきらめるかもしれない。

ちなみに、夜道を歩いて帰らなければならないことは今までにもあって、2度目からは懐中電灯を持参するようになった(電気を使う機械に頼るのは不本意ながら)。滑稽な感じもするけれど、そうやって通る人が自分たちで何とかするのが、本当は良いような気もする。機械設備で道を夜通し照らし続けるのは、資源の浪費に思えるし、虫たちにも影響を与えてしまいそうだ。どうしても灯が必要な場合は、昔ながらの提灯《ちょうちん》を使うのが理想的なのだろうか。

自転車を修理する

（2年目の春に記す）

遠くに行くときにはバスに乗るけれど、地元を動き回るときには自転車を使う。妻も、小学生の子ども2人も、そうしている。4台の自転車を並べて走る家族は近くで珍しいせいか、通り道の人が私たちを覚えてくれていたりする。

雨や雪には弱いものの、自転車は魅力的な乗り物だ。自分で力を使って動かしているという感覚がある。さわやかな朝に自転車で坂を下るのは心地よい（帰りに坂を上るのは大変だ）。

何かあると気軽に止まれるのも、自転車の良いところかもしれない。立派な角をもった雄鹿を谷間に見つけたときは、ついつい見入ってしまった。もちろん人間に出会うこともあって、子どもの同級生の親子と道端でおしゃべりしたりする（それでバスに乗り遅れそうになった）。

問題は、自転車が故障したときだ。自転車の修理が必要になるけれど、住んでいる地域に自転車店はない。ガソリンスタンドなど、自動車関係の店もない（ついでに言うと、酒屋も、パン屋も、肉屋も、魚屋も、文房具屋もない）。

時計や眼鏡が壊れたときにはバスに乗って「まち」に持っていけばよいのだけれど、自転車をバスに乗せていくわけにはいかない。自転車の故障は、基本的には自分たちで解決しなければならない。

そんなわけで、今の家に移ってしばらくすると、息子の自転車の虫ゴムの交換を私がすることになった（虫ゴムというのは、タイヤの空気を入れるところに付けるチューブ）。たいした作業ではないものの、私にとっては初めての経験だった。

また、先日は、娘の自転車のパンクを直した。パンクの修理も、自分で挑戦するのは初めてだ。説明を読み、子どもたちとああだこうだと言いながら作業した。穴をふさいだ後のチューブを元に戻すのに苦労したけれど、何とか修理を達成することができた。一つ成長した気がして、ちょっとうれしい。

ただ、パンクの修理をしてみて、自転車も真に持続可能なものではない、ということを改めて感じる。クルマに比べるとずっと害が少なそうではあるものの、自転車の車体はいかにも工業製品だ。すり減ったタイヤは、マイクロプラスチックの発生源になっている。パンク修理の道具も、それ自体がプラスチックだし、プラスチックのケースに入って大型店に並んでいた。本当は、自転車も使わないほうがよいのだろう。

自分の体との関係でも、自転車に頼る生活は持続可能でないように思う。歳をとったり病気になったりして体が弱くなり、自転車に乗れなくなったらどうしよう、という不安は、今すでに私のなかにある。

手を挙げてバスに乗る

私の家は、好立地にある。徒歩0分で公共交通機関に乗ることができる。家の前で手を挙げれば、路線バスが停まってくれる。本当は、手を挙げる必要さえない。それらしい雰囲気で立っていれば、運転手さんが気づいてくれる。

もっとも、私が住んでいる地域では、クルマをもっている人が多い。私たち夫婦も、移り住むにあたって、地元の方からはクルマの免許を取ることを強く勧められた。「自動車がないと大変ですよ」と心配してくれていた。クルマをもつのが普通な

自転車で買いものに行く

のだろう。私たちのことは、「クルマをもたない家族が引っ越してくる」と噂になっていたらしい。

クルマがあると便利かもしれないけれど、私たちはクルマをもたないことに決めていた。そもそも、「クルマがなくても何とか暮らせそうなところ」ということで、今の地域への移住を考えた。

そういうわけで、家にクルマはないし、私も妻も運転免許をもっていない。私は、通勤するにも、「まち」に出るにも、バスに頼っている。

日常的にバスに乗っていると、バスの様子がわかってきて、ちょっとおもしろい。朝は、学校に通う小学生と同じバスに乗ることが多く、子どもたちの登校風景を眺めるのが何となく楽しい。

バスでよくいっしょになる人に対しては、ぼんやりと仲間意識のような感覚が芽生える。週に1回くらい病院に通っているらしい高齢の男性。足が不自由そうな方。高校に通っているらしい若者。杖を手にしてゆっくりとバスに乗り込む高齢の女性。言葉を交わしたことのない人が多いけれど、私のバス仲間だ。

運転手さんたちも、乗る人のことを知ってくれていたりする。「次のカーブミラーの前でお願いします（降ります）」という合図を私が忘れていても、ある運転手さんは、「こちらでしたよね」と、私の家の前でバスを停めてくれた。

心配なのは、バスの本数が今以上に減らされてしまうことだ。路線バスは、それを必要とする人間にとっては、生活の生命線になっている。

小学生が路線バスを使って通学しているので、路線そのものが廃止になることは（当面は）ないのかもしれないけれど、バスの本数が少なくなれば、バスを頼りに暮らすのはますます難しくなる。バスがさらに不便になれば、バスを使う人もさらに減り、バスはいっそう窮地に陥りかねない。そうなると、私たちにとっては大問題だ。

とはいえ、私の地域のバスがどうなろうと、それで世間が大騒ぎすることはないだろう。バスの本数が減ろうと、さらには路線が廃止されようと、しょせんは片田舎の小さな問題として扱われる。片田舎のなかでも、バスの常連は少数派だ。路線バスの存亡は、ちっぽけなことでしかない。

でも、そのちっぽけなことに、私たちの暮らしがかかっている。赤字がどうの、黒字がどうの、という理屈だけで考えてほしくない。

習いごとを敬遠する

（1年目の冬に記す）

「まち」に住んでいた頃は、歩いて5分以内のところに、内科も歯科も眼科もあった。子どもの体の具合が悪かったりすると、さっと行って、診てもらって、さっと帰ってくることができた。ところが、今では、子どもが歯医者に行くのも一仕事だ。

歯医者に行く日、小学生の息子は、学校が終わるとランドセルを背負ったままバスに乗り、仕事帰りの私と歯医者で落ち合う。診療後は、数少ないバスを待って、夜の7時くらいに家に帰り着く。

子どもの通院が多かったりすると、クルマに頼りたくなるように思う。クルマがなくても大きな不便を感じない理由の一つは、我が家の子どもたちの日常生活がほとんど地元で完結していることだろう。

通院がなくても、子どもが習いごとや塾に通うとなると、やっぱりクルマが欲しくなりそうだ。地元には、目立つ学習塾はないし、習いごとの場も限られている。何か習いごとをするとなると、自動車を使って遠くに出ていくことになりがちだ。子どもが少年サッカーのチームに入っていたりすると、親がクルマで送り迎えをしている。

けれども、我が家の子どもたちは何も習いごとをしていないので（塾にも行っていない）、親が送り迎えをすることもない。

誤解のないように言うと、山里で暮らすようになったから習いごとを制限しているというわけではない。「まち」にいたときから、我が家の子どもたちは習いごとをしていなかった。強いて言えば、児童館でやっていた月1回の卓球教室に息子が通っていたのが唯一だろうか。

習いごとがなくても、我が家の子どもたちは、近くの友だちと遊んだりしつつ、それなりに楽しく過ごしているように見える。最近、5年生の息子は、200近い工程の折り紙に熱中したり、フクロウに関する本を何冊も熟読したりしていた（フクロウを飼う計画は、親が断固阻止している）。2年生の娘は、あれこれのクイズを考えたり（学校でクイズ係になっているらしい）、友だちの誕生日のためにメッセージカードを作ったりしていた。2人とも、真夏には毎日のように川で遊んでいたし、雪が降ったらソリすべりを楽しんでいた。

もっとも、我が家の子どもたちも地元だけで過ごしているわけではない。毎週、土曜日になると、「まち」に用事のある母（私の妻）といっしょに、「地下鉄・バス1日券」

を手にして、片道に1時間半くらいかけて、前に住んでいた地域に出かけていく。そして、友だちの家に行ったり、通い慣れた図書館を満喫したりしている。何も習いごとをしていないわりに、我が家の子どもたちは、意外と遠出の多い小学生なのかもしれない。

思えば、夏休みには、京都の中心部にある地学会館まで、近所で拾い集めた石ころの種類を教えてもらいに行った。秋には、専門家の案内で大文字山の岩石・鉱物を見て歩くイベントに親子で参加した（ハンマーで石を割ったりした）。冬には、お茶碗を探しに、清水焼の陶器市を訪ねた。考えてみると、けっこう出かけている気もする。

（1年目の冬の終わりに記す）

人に頼る

けっこう雪が積もったとき、家の前を通るバスが2日間ほど運休になった。

電車のように駅のアナウンスがあるわけでもないので、バスの運休はすぐにはわからない。「前の大雪のときもバスは走っていたしな」「ほかの車も走っているしな」と思って、買いものに出ようと、家の前でバスを待った。ところが、しばらく待ってもバスは来ない。

仕方がないので、とりあえず店の方向に歩き始めた。バス停で待たなくても大丈夫なのが、自由乗降区間の良いところだ。とにかく目的地に向かって歩いて、後ろからバスが来れば、それに乗ればいい。凍った雪で滑りそうになりながら、私は長靴で歩いた。

地元の有機野菜が並ぶ店までは、そこそこ距離がある。しかも、足元が悪い。「大変だなあ」と思いながら森を抜けていくと、道沿いに住んでいる顔見知りの方が家から出てくるのが見えた。子どもたちが学校帰りに声をかけてもらうなどして、いつもお世話になっているミツエさんだ。あいさつを交わして、「たくさん積もりましたね」みたいな話をしているうちに、私と同じ店に車で向かうところだとわかった。「乗せてもらえませんか?」とお願いすると、「どうぞ、どうぞ」と快く乗せてくれた。

店に着いて、それぞれ買いものを済ませると、また車に乗せてもらって、ミツエさんの家まで帰った。車の中では、我が家の子どもたちの話やら、ミツエさんが前にしていた仕事の話やらをして、いくらか盛り上がった。

ミツエさんの家の前で車を降り、両手に荷物を持って、「がんばって家まで帰るぞ」と歩き始めると、１００メートルほど進んだところで、後ろから車がやってきた。見ると、我が家の隣の家の人だ。なんという偶然。「乗りますか?」と声をかけてもらって、車に乗り込み、びっくりするくらい早く家に帰り着いた。

こういうことが、この頃はときどきある。お正月には、家族で初詣に行った神社で近所の人に出会い、「天満宮にも行くけど、いっしょにどう?」と誘ってもらって、車で連れていってもらった。また、この間は、雨の日、子どもといっしょに帰宅しようと歩いていると、通りがかった知り合いが車に乗せてくれた。

まわりの人にすれば世話のやける話かもしれないが、車をもっていなくても、いろんな方に助けてもらって、どうにかこうにかやっている。そして、手前勝手な発想で言えば、車がないことで、同じ地域に住む人と話をする機会が増えている。

車のこと以外でも、私たち家族は、かなり人に頼って暮らしている。とりわけ、料理や暖房や風呂に使う薪の関係では、たくさんの人の厚意に甘えている。

今の家に移り住んですぐ、何人もの方が、薪を分けてくれたり、薪になる木を届けてくれたりした。近くの山の持ち主の方は、伐られて山積みになっていた杉の枝を指して、「好きなだけ取っていって」と言ってくれた。建設関係の仕事をしている近所の方は、余っている足場用丸太や木材を持ってきてくれた（ほどよい大きさに切ってくれていた！）。そして、つい最近も、子どもたちが通う学校の（薪ストーブ仲間でもある）保護者仲間が、庭師さんの伐った大きなケヤキを半分くらい譲ってくれた。薪割りに使う斧の刃が柄から外れてしまったときは、相談すると、近所の人が直してくれた。大学（職場）で作った薪を家まで車で運んでくれた人もいる。

おかげさまで、引っ越してから初めての冬を無事に越えつつある。感謝することの多い日々だ。

4　虫と鹿と鶏と……

（2年目の夏に記す）

虫と共に生きる

移住してからというもの、「自然が豊かなところで、いいですね」と言われることが少なくない。「そうなんですよ」と思うところもありつつ、「いいことばかりじゃないですが……」と思ったりもする。

春になり、夏になるなかで、虫たちが活発になっていく。

虫が嫌いというわけではない。私も、妻も、子どもたちも、虫とは仲良くやっているほうだと思う。殺虫剤はもちろん、市販の虫対策グッズは何も使っていない。ゴキブリに目くじらを立てたりもしない。アシナガバチやスズメバチが部屋の中を飛んでいても、特に騒ぐことはない。ゾウムシが台所を散歩していたり、マイマイカブリが風呂場を訪れていたりすると、丁重に家の外に送り出している。大きなアシダカグモが床を這っていくのは、(ときどきびっくりしつつ)温かく見守るようにしている。網戸をなくした窓もあり、ことさらに虫を拒絶しようとはしていない。

とはいえ、大きなハエが部屋を飛び回るのは、やっぱり目や耳にうるさい。夜にカメムシが飛ぶ羽音も、気になりはする。読書灯にいろいろな虫が寄ってくるのも、あまり歓迎はできない。

去年の夏、まいったのは、何度もブユに刺されたこと。ブヨ、ブトと言われたりもする小さな虫に、ほとほと困らされた(子どもたちは刺されてもわりと平気なのに……)。私の体質が影響しているのか、刺された後の対処がまずいのか、ブユに刺されたところがなかなか治らない。おまけに、ブユとの関係は謎だけれど、これまでに経験のない細かな発疹が体のあちこちに広がった。

ブユは清流に生息するそうで、「家の近くを流れている川はきれいなんだな」と改めて思うものの、良質の水を素朴に喜んでよいのかどうか、複雑な気持ちになる。

昨年の教訓をふまえ、今年の夏は、とりあえず服装を変えることにした。黒のシャツや黒のズボンは、虫が寄って来やすいようなので、夏場には着ないことにした(ベージュ系のズボンを新しく購入することになり、衣類による環境負荷という面では少し気がとがめる)。

ブユにせよ、蚊にせよ、刺してくる虫と仲良くするのは難しいけれど、化学的な印象の強い虫除けスプレーで追い払うことはしたくない。「自然派」のものであれ、虫たちとの関係のなかで工業製品を使いたくはない。

私たちの家族は、クモやヤモリやカエルに期待している。ほかの生きものに頼るのは卑怯な感じがしないでもないけれど、生態系の力でほどよいところに落ち着くことを願っている。

実際のところ、家のまわりには茂みが多いものの、「まち」に住んでいたときに比べて、蚊に悩まされることはずいぶん減った。窓を開け放っていても、蚊ばかりがどんどん家に入ってくるということはない。

ただ、もしかすると、全体として虫がそれほど多くないのかもしれない。木や草がたくさん生えているわりには、虫や小動物が少ない気もする。長く住んでいる人からは、「昔は蛍がもっとたくさん出たけれど……」という話も聞く。農薬の影響などがあるのだろうか。山に囲まれた、田畑のある地域だけれど、本当に「自然が豊か」と言えるのか、疑問に思うこともある。

ニワトリを迎える

（2年目の6月）

思いがけなく、なりゆきで、我が家に4羽のチャボがやって来ることになった。生まれて2か月も経たない、小さなチャボたちだ。1羽は男の子で、3羽は女の子らしい。

妻が運営に携わっている朝市の関係者から、チャボの話が出た。訳あって行き場を失ったチャボの引き取り手を探している知り合いがいる、とのこと。「丸山さんのところで、どうですか？」と言われた。

良いのか悪いのか、運命のようなタイミングだった。小学校6年生の息子のニワトリ熱が高まっていた。少し前までは「フクロウを飼いたい」とか言っていたのだけれど、それはさすがに難しいと思ったのか、図書館でニワトリ飼育の本を何冊も借りてきて、それを熟読していた。そして、理由はよくわからないけれど、「チャボがいいなあ」などと言っていた。

そんなところに、「チャボ、どうですか？」という相談が舞い込んだので、玄関での話し声を聞きつけた息子は、目の色を変えてとんでいった。

息子の気持ちは盛り上がるわけだけれど、すぐに「はい」とは言えない。いろいろ考えないといけない。

私としては、動物を飼うこと自体にためらいがある。チャボたちの行動を制限しないわけにはいかないし、自由な子づくりや子育てを保障することもできない。また、家のまわりの小さな生きものたちからすると、ニワトリが来るのは脅威かもしれない。

そういう面倒な議論は置いておいたとしても、鳴き声のことが気になる。男性のニワトリは、午前3時半くらいから、「コケコッコー！」と鳴いているそうだ。我が家はよいとしても、まわりは大丈夫だろうか。山里とはいえ、集落だから、近隣に人が住んでいる。

それに、チャボと暮らすとなれば、世話をしないといけない。日常が忙しくなるのも不安だけれど、家族みんなで何日か家を離れるのが難しくなる。ちょっとしたことなら隣の家の人に頼めるものの、朝に小屋の戸を開けて、夕方に小屋の戸を閉めて、食べものや水を補給して、となってくると、けっこうな手間になりそうだ。

将来的なことも、頭をよぎる。食肉にされるニワトリは2か月も生きないうちに幼くして殺されているけれど、平穏に過ごしたチャボは10年近く生きるらしい。10年後にチャボたちの世話をするのは誰なのだろう。息子は「ボクがやる!」と言うけれど……。

近所の人と話をしたり、家族会議を開いたり、あれやこれやのことをして、結局のところ、チャボたちに来てもらうことになった。チャボたちが生まれた家に見学に行き、(無農薬の「くず米」を手配するとか)さしあたりの準備をして、チャボたちを迎えた。

トンビやカラスに狙われないか、イタチやネコに襲われないか、心配もある。小屋づくりなど、急ぐ課題もある。けれども、ともかく、チャボたちとの暮らしが始まった。せっせと庭の地面をつつくチャボたち、ぎゅうぎゅう寄り集まって眠るチャボたちは、とてもかわいらしい。息子は、はりきって世話に励んでいる。

(2年目の夏に記す)

鹿と向き合う

今、家の隣の小さな畑で、野菜を育てている。台所のイスに座ると、窓の向こうに、トマト、キュウリ、ナス、ダイズ、トウモロコシなどの葉が見える。ぜいたくな眺めだと思う。

収穫にたどり着くためには、野菜を食べてしまう動物から畑を守らないといけない。近くの山に、鹿がすんでいる。一頭ずつ鹿を見分けることができないので、いったい何頭の鹿がいるのかわからないけれど、8頭くらいは一度に現れることがあるから、それ以上はいるのだろう。

鹿は自由に暮らしている(ように見える)。家の庭でも畑でも、入れるところ、入りたいところがあれば、入っていく。そして、食べたいものを食べていく。我が家の庭にも、しょっちゅう鹿が来ていて、糞が残されている。夜、家の近くの茂みにライトを向けると、いくつもの目が赤く光ることがある。

鹿から野菜を守ろうと思うと、畑を柵で囲わなければならない。電気柵がよく使われている。けれども、なるべく電気を使いたくない。プラスチックも使いたくない。できれば金属も減らしたい。そこで、竹の柵で畑を囲っているところに見学に行ったりしながら、自分たちなりの柵を考えた。

畑の北側には、壁のように薪棚を置いた(薪を取り出すと穴があくのが難点だし、背丈に少し不安があるものの、新しく作る柵が短くてすむ)。柵の支柱には、家の横に積んであった廃材を使った。そして、柵の下のほうに、おかき屋さんから譲り受けた網を並べた。柵の上のほうは、近所で細い竹を切ってきて、それを組んだ。支柱、網、竹はシュロ縄で結んだ。最後に、入口に杉の枝を飾った。ちょっと見掛け倒しで、鹿が強く体当たりすれば壊れてしまいそうな気はするけれど、初めてにしては悪くない仕上がりだと思っている。

考えているのは、柵で消極的に守るだけに留めるのかどうか、ということだ。積極的で攻撃的な守り方もあるのかもしれない。鹿を相手に狩猟をすることについて、思い悩んできた。

鉄砲を使うつもりはない。やるとすれば、わな猟だ。しかし、「動物の権利」という観点からすると、狩猟は許容されない。また、そのことを脇に置いたとしても、狩猟は技術的に難しそうでもある。関係する手続や費用のことも気になる。ただ、食糧難に襲われたとき(けっこう現実味があると考えている)、わな猟ができれば役に立つかもしれない。

そんなことを思う一方で、日常的に鹿を見ていると、なんだか鹿たちに愛着がわいてくる。「いっしょに暮らしている」という感覚になってくる。人間を警戒して一生懸命に逃げる姿を見ると、「がんばっているんだなあ」と思ったりもする。私や息子は、ときどき、「ピー、ピー」と鹿の声をまねて、鹿に話しかけている（不審そうに見つめられるだけで、返事はない）。彼女らを捕まえて殺したいとは思わない。

（2年目の夏に記す）

ミミズに気をつける

タケノコ掘りに使うような鍬《くわ》で畑の開墾を進めていると、うちの畑（になる土地）には大勢のミミズが暮らしていることがよくわかる。太くて立派なミミズが、あちらでも、こちらでも、顔を出す。ミミズは畑の土を肥やしてくれる心強い存在らしいので、なんだかうれしくなる。

ただ、地中に張り巡らされた笹の根を取り除いていくために、土に鍬を入れることになる。そうすると、どうしても、ミミズたちを傷つけてしまう。開墾作業をしていると、「あ〜！」と叫んでしまうことが少なくない。鍬を入れた土の中に、不自然に短くなったミミズを発見したりする。黄色い体液が出ていることもある。ざっくり胴体を切断されて苦しそうに動くミミズを見ると、本当に申し訳ない気持ちになる。

ミミズの立場からすると、人間がする開墾の仕事は恐ろしく非道なものかもしれない。地面の上を巨大生物がドタドタと動き回り、大きくて鋭い金属の刃が何度も何度も上から降ってくる。私たちにとっては夢に満ちた畑づくりも、土の中の小さな生き物にすれば、阿鼻叫喚の地獄絵図だ。

私の罪悪感や葛藤をいっそう強くするのは、即死するミミズはほとんどいないことだ。土の中から見つかるミミズは、無傷でなくても、たいてい動いている。ミミズの意識がどういうふうになっているのかはわからないものの、苦しそうに身をよじっていることは少なくない。「痛みを感じているとは限らない」と言う人もいそうだけれど、素朴に見ると、激しい痛みがあるような気がしてならない。

即死ならよい、ということではないものの、即死していたら、あきらめるしかない。一方で、痛々しく動く姿を目の前にすると、「どうすればよいのだろう?」という思いになる。「このミミズは、この後どうなるのだろう」「何とか生きていけるのだろうか」などと考える。「苦しませず、とどめを刺したほうがよいのでは」という考えが頭をよぎることもあるけれど、踏み切るのには抵抗がある(生き続ける可能性もあるし……)。頭を悩ませながら、開墾をしている。

もちろん、傷つける前にミミズに気がつけば、鍬の刃にそっと乗せるなりして、避難してもらっている。それでも、たくさんのミミズが開墾の犠牲になっている。

そして、開墾の被害を受けるのは、ミミズだけではない。片方の後ろ脚がグチャグチャになったカエルが土の中から懸命に這い出してきたこともある。何かの幼虫が土の中で眠っていることもある。アリの巣も、いくつか壊してしまった。人間の目には見えにくい小さな虫たちも、私の鍬のせいでひどい目にあっているのかもしれない。

耕運機も草刈機も使わない、殺虫剤も除草剤も投入しない、ささやかな畑づくりでさえ、動物を殺さずにやり遂げることは難しい（無理だと思う）。牛肉や豚肉や鶏肉を食べないようにするのは大事なことだと思うけれど、そうしたからといって動物を傷つけずに生きられるわけではない。なかなか悩ましい。


（2年目の10月）

ニワトリを弔う

我が家のニワトリたちが死んでしまった。

ある朝、モモコがうずくまり、外に出ようとしなかった。いつもと様子が違う。「いよいよ卵を産み始めるのかな?」などと家族で話しつつ、モモコをそっとしていた。

午前中、モモコ以外の３羽は外に出ていた。ミミコが地面にしゃがみこんでいて、なんだか変な雰囲気だった。でも、日向ぼっこをしているのかな、と思った。15分くらいしてから窓の外を見ると、畑の脇でミミコがひっくり返り、つぶれたようになっていた。絶望的な状況だと、見た瞬間に直感した。何かの獣に襲われたのかもしれないと思った。

外に出て、ミミコを見ると、外傷はないようだった。獣に襲われたのなら、連れていかれていないのも不自然だ。モモコの様子がおかしかったことを思い出し、病気の可能性が高いと思った。モモコのところに戻ると、モモコは完全に動かなくなっていた。ミミコも、しばらくして息を引き取った。

ケイゾウも昼頃から元気がなくなり、今までにない声で鳴いたり、翼をバタバタさせたりして、苦しそうだった。数時間のうちにぐったりして、夜の間に逝ってしまった。幸い、ノブコに異変はなかった。モモコとミミコとケイゾウの死因は、わからない。

前の日までは元気にしていたのに、当日の朝も歩いて食べものをつついていたのに、あっけなく３羽が死んでしまった。

私たちは、ケイゾウやミミコやモモコが生きていたときを思い出す。

家に来たばかりの頃は、「ピーヨ！ ピーヨ！」と鳴いて、外出や米を私たちに求めていた。ニワトリたちの部屋の戸を開けると、4羽はそろってダッシュする（めざせ、食べもの）。よくミミズの取り合いをしていた。ところが、大きな幼虫を前にすると、気になって近くを囲みながらも、口は出さない。けっこう慎重だ。ヒラヒラする布をとても怖がり、私が首に巻いた手ぬぐいをはずしただけで、一目散に逃げていく。一方で、なかなか自由でたくましく、私たちの目が届いていないときを見計らっては、庭から脱走する。出てはいけない道路に出ているのを見つけられると、「しまった！まずい……」という素ぶりを見せる。

私は、チャボたちと暮らすなかで、彼らが羽ばたいて飛ぶことを知った。高さ2メートルくらいの薪棚の屋根に軽々と上がる。カラスやトンビのようには飛ばないけれど、本気を出したらけっこう飛べる。ひどく驚いて怖がることがあったときには、かなりの高さと距離を飛んで柵を越え、家の隣の畑に逃げこんだ。また、ある日のケイゾウは、いつの間にか家の屋根の一番上に乗って、遠くを眺めていた。

ミミコは、わんぱくで、食べものの横取りが得意だった。モモコは、頭を使って、私の開墾作業についてまわり、地表に出てくる虫を捕まえていた。それぞれに個性があった。

一般的な養鶏場のニワトリと比べると、はるかに幸せな一生だったかもしれない。そのことは、多少の慰めにはなるものの、意味のない比較のようにも思える。

雪を見せてあげたかったね、などと、私たちは話をしている。

彼らは、息子の畑の下で眠り、土に還ろうとしている。


（2年目の春に記す）

屋根にのぼったケイゾウ

米と野菜を食べる

クルマなしでやっていけるのも、冷蔵庫なしで特に困らないのも、我が家の食生活があってこそだと思う。

日常的にスーパーで食品を購入するようなら、クルマがないと大変かもしれない（家の近くにスーパーはない）。毎日のように缶ビールを飲もうと思うと、クルマで運びたくなるだろうし、冷蔵庫も欲しくなるだろう。冷凍食品を保存するためには、冷蔵庫が欠かせない。

そして、家で肉を食べるようだと、特に夏場は、冷蔵庫がないとつらい気がする。朝食のときに牛乳が飲みたかったり、ヨーグルトを食べたかったりすると、冷蔵庫があったほうがよさそうだ。でも、我が家では、肉も乳製品も食べない。卵はときどき買っているけれど、私は基本的に食べない。

気候変動をはじめとする環境問題を考えると、牛肉や豚肉や鶏肉を食べるわけにはいかない。畜産は、温室効果ガスの巨大な排出源になっている。

また、現代の畜産のもとで動物が置かれている過酷な状況を考えても、肉を食べるのが正しいことだとは思えない。牛乳や卵も、牛や鶏の虐待や殺害と結びついている。

そういうわけで、牛肉や豚肉や鶏肉を買うことはない。もちろん、ハムやソーセージやベーコンも買わない。牛乳もチーズもバターもヨーグルトも買わない（アイスクリームは買っても保存できない）。

我慢している、という表現はしっくりこない。肉を食べようと思うと、罪悪感を我慢しなければならない。肉を食べないほうが、気持ちが軽い。

もっとも、少し前まで、私は肉を食べていた。息子が小学校に入ったときには、近所の養鶏場直売店で鶏を1羽まるまる買ってきて、煮込んで食べた。誕生日だからということで、牛肉の塊を焼いて食べたのも、遠い昔のことではない。なんとなく元気を出したいときには、卵かけ御飯を食べていた。振り返ると、恥ずかしいような、後悔するような思いがする。

もう後悔を重ねたくないので、肉や乳や卵は食べないことにした。

小学生の息子は、「お父さんはビーガンだから卵を食べられない」などと言うようになった。卵の入った洋菓子を人にもらって、自分がたくさん食べたいときに、息子はそんなことを言う。

そんな会話を聞いていて、同じく小学生の娘（妹）は、父は病気かもしれないと思ったらしい。「Aがん、Bがん、Cがん……」とあるうちの「Bがん（癌）」になってしまったと心配したようだ。不安な気持ちを母にこぼしていた。――安心してください。父は（たぶん）癌ではありません。

それに、私はビーガン生活を実現できていない。正直に言うと、まったく肉や魚を食べないわけではない。知人の家で出してもらったものは、「久しぶりに肉を食べるなあ」などと思いながら、いただいている。泊りがけで出かけるときなども、魚を食べることがある。妻が運営に携わっている週1回の朝市に魚屋さん（漁師さん）が運んでくる魚は、買って食べている。

いろいろ考えて、葛藤を抱えながらも、養殖ではなさそうな魚はときどき食べている。ビーガン生活をめざしてはいるものの、ゴールにたどりつくのは難しい。

（2年目の春に記す）

飲食店と疎遠になる

肉を食べない、牛乳や卵も口にしない、魚も基本的には避ける……となると、入れる飲食店は激減する。

牛丼店やカツ丼店、焼肉店や焼鳥店が論外なのはもちろん、ラーメン屋もほとんどが対象外になる（まれにビーガンラーメンの店がある）。カレーの店、ピザの店も、なかなか厳しい。中華料理は、肉か魚介類が入っているものが多く、卵もよく使われている。インド料理の店は、ベジタリアンメニューが用意されているところもあるけれど、チキンカレーにタンドリーチキンとバターナンが付くようなところが多い。

喫茶店に入ることはできても、ケーキやプリンやドーナツを頼むことにはならない（コーヒーだけなら、家で飲もうかな……）。お酒を飲む店に入って野菜料理を選ぼうと思っても、最初の突き出しに肉や魚が混ざっていることがある。

原則として野菜や穀物しか食べないことにしていると、外で食事をしたいときには不便を感じる。あそこもダメ、ここもダメ、となる。

お昼に天丼を出している店に行くと、「季節の野菜天丼」でさえ、真ん中にはエビの胴体が横たわっていたりする。養殖のエビは環境への悪影響で名高いし、天然のエビに関しては混獲の被害が深刻だという話もある。そして、養殖にせよ天然にせよ、エビが殺されている。エビは食べないようにしたい。

仕方がないので、「野菜天丼をエビ抜きでお願いできますか？」と頼んだりする。エビの天ぷらが「売り」という店もあるようなので、ちょっと気が引ける。とはいえ、お願いすれば、ちょっと不審な顔をされたりはしつつも、「エビ抜き」を作ってもらえる（そのぶん値引きしてもらえるとは限らない）。「この人、甲殻類アレルギーなのかな?」と思われているかもしれない。

肉や魚を使わないという点で安心感があるのは精進料理だけれど、お店で食べる精進料理は高級すぎる。普段の昼食にはならない。そば屋さんには肉や魚が目立たないメニューが手頃な価格であるものの、だしには魚が使われていそうだ(しかも、店によっては、だし巻き卵がもれなく付いていたりする)。

野菜料理の店なら安心できるかと言うと、そう単純でもない。どういう野菜を使っているのか、わかる店は少ない。殺虫剤や除草剤を大量に投入して作られた野菜かもしれないし、暖房の効いたビニールハウスで作られた野菜かもしれない。そういう野菜は、環境にも動物にも、けっこうな害を及ぼしていそうだ。

面倒なヤツだなあ、そんなにゴチャゴチャ言うなら店に行かなきゃいいでしょ、と思う人もいるだろう。もっともな意見だ。私もそう思う。家で食べればいい、というのが正解のような気がする。だから、飲食店に入ることは少なくなった。

そして、実は家で食べる米と野菜が一番おいしいのでは、と感じることが多くなった。お酒も似たようなもので、有機栽培米で作られた地元の日本酒を家で飲んだほうが、家計にもやさしい。

ただ、日常の生活から少し離れ、一人きり店で呑む時間も、なんだか捨てがたいと思っていたりする。

「野菜か、魚か」で迷う

（2年目の春に記す）

２０２０年から新型コロナウイルスが広がったこともあって、大学（職場）に弁当を持っていくようになった（それまでは近くの店で食べたりしていた）。近頃は米と野菜の弁当だ。お昼は研究室で弁当を食べる（気分転換になりにくいのが難点）。仕事の関係で夜の帰りが遅くなるときは、弁当を２つ作ってもらうこともある（妻に感謝している）。

泊まりがけで出かけるときには、さすがに食事の回数分の弁当を持っていくのは難しい。コロナの関係で遠出がほとんどなかったときはよかったのだけれど、少しずつ東京などでの集まりが増えていくと、行った先で何を食べるかを考えなければならな

マイ箸は置き忘れに注意（経験あり）

くなる。会った人といっしょに食事をすることもある。

外で食べるときには、「野菜か、魚か」で迷ったりする。畜産によって大量の温室効果ガスが排出されていることや、現代の畜産のもとでの牛や豚や鶏の扱いを考えると、肉を食べるという選択肢はない。チーズや卵を使った料理も避けたい。基本的には野菜を食べるべきだと思う。

ところが、店で食べる野菜が有機栽培のものかどうかは、必ずしもはっきりしない（有機栽培ではないものがほとんどだろう）。野菜の栽培のために農薬が使われていれば、その犠牲になっている生きものが無数にいるはずだ。そうやって生産された野菜を食べることは、日本海を泳いでいたアジを食べることより罪が軽いと言えるのだろうか。

環境負荷という点で考えても、生きものの殺傷という点で考えても、魚よりも野菜がよい（まし）と一概に言えるのか、私にはわからない。

有機栽培の野菜でさえ、生態系に害を与えないとは限らないし、動物を犠牲にしていないわけでもない。殺虫剤を使わずに野菜が育てられていても、その野菜を運ぶクルマは、虫を殺しているだろうし、温室効果ガスも出していることだろう。野菜を包むプラスチックも、生きものにとっての脅威になる。

プラスチック包装された米国産の有機ヒヨコ豆は、環境負荷が少ないと言えるだろうか。イタリアから空輸されてくるオーガニック・オリーブオイルは、動物に危害を及ぼしていないだろうか。有機栽培の米や野菜を食べれば動物を殺さずにすむ、環境を壊さずにすむ、とも思えない。

あれこれ考えると、「自分たちが食べるものは、納得のいくように自分たちで育てたい」という思いが強くなる。できることなら、家で食べる野菜は、自分たちの畑で自給したい。私たちの家族が山里に移り住んだのは、畑とともにある暮らしを実現するためだ。

ただ、引っ越してきたとき、家の横の「農地」は、畑というよりも、「かつての畑」になっていた。何年も放置されていた間に笹が茂ってしまって、一生懸命に刈った後も土の中には根が残った。

笹の根を取り除くのは大仕事だ。最初の1年間は、畑のことにまで手が回らなかった。今年は夏野菜のための場所だけ何とかしたものの、畑づくりが課題になっている。

5 山里暮らしは楽じゃない

（2年目の春から）

開墾の日々を送る

畑のある暮らしを求めて移住したのだけれど、すぐに野菜の種を播けるわけではなかった。前は畑だった土地が家の隣にあるものの、何年も放置されていた間に、笹が一面に茂ってしまっていた。

私たちの移住は、土地を覆っていた笹を刈るところから始まった。家や土地の売買の手続が一段落すると、前に住んでいた家から通って、何日もかけて鋸《のこぎり》で笹を刈った。茂みの中からは、いくつかの倒木が見つかったり、ドラム缶が出てきたりした。

笹を刈って地面がすっきりしても、それで終わりではない。むしろ、本当の仕事はそこからだ。地面の下には、かなり深いところまで、笹が根を張り巡らしている。それを取り除かないといけない。

引っ越してから1年間は、家の壁づくり（漆喰《しっくい》を塗る）、薪づくり、薪棚づくりなど、あれこれのことがあり、笹の根まで手が回らなかった。２年目になって、やっと本格的に笹に挑むことになった。

機械を使うと早いという助言もあったものの、なるべく機械は使いたくない。それに、土を見てみると、石やゴミが散らばっている。機械で混ぜ返せばすむという感じでもない。タケノコを掘るのに使うような鍬《くわ》を手に入れて、手作業でやることにした。

やり始めると、驚くほどいろいろなものが土の中から出てくる。黒いプラスチックの育苗ポット、野菜の「名札」、ビニールマルチの切れ端、ビニールひも、プラスチック製の網の断片などが埋まっているのは、良くないことだけれど、まあ理解できる。ビンや陶器の破片が落ちているのも、ありそうなことだ（量が多すぎる気はする）。でも、発掘されるのは、そういうものだけではない。タイルが貼られた壁の一部分、割れた洗面台、レトロな見た目のコーヒー缶、スパナ、古びたツナ缶、お菓子の箱、謎の金具たち、しましまの靴下、個包装の飴の袋、包丁の刃、プラスチックのシャボン玉セット、金属の配管パイプ、プラスチックのアヒル……などなど。数としては、各種プラスチックの破片が多い。分解されない人工物の罪深さをひしひしと感じる。

開墾には、いつもゴミ入れを持っていく。土の中から出てくるものを、ゴミと、笹の根と、大きめの石に分けて、取り除いていく。そう広くない土地なのに、笹の根も、石も、けっこう積み上がる。

倒れていた栗の木を何とかするのも、大仕事だった。押しても、びくともしなかった。根のほうと、上のほうとに、がんばって鋸で切り分けた。それでも、両方とも持ち上げられるような重さではなく、幹のほうは家族4人で力を合わせてズリズリと動かした。

根のほうも、手強かった。根こそぎ倒れていた木なので、根はすぐに転がせそうな気がしていたけれど、やってみると、まるで動かない。まだまだ深く土の中に刺さっていた。まわりの土をせっせと掘り、長くて厚い板をテコのように使って、どうにか転がした。

土地を畑にするというのは、なかなか大変なことだ。田畑を広げるのが良いことかどう

笹の根がなくなる深さまで掘る

かは別にして、「北海道、すごいな」などと思ったりしている。

（2年目の秋に記す）

課題を先送りする

テレビを観なくなった理由の一つは、テレビを観るための時間がなくなってきたことだと思う。

夏場は日の出の関係で、冬場は薪ストーブの関係で、早起きすることになるから、夜は早く寝ないと体がつらくなる。子どもが布団に入った後に大人だけでテレビを観る、というのが難しくなった。

それから、やることが多くてテレビを観てられなくなってきた、というのもある気がする。

誤解されがちだけれど、山里での生活は、のんびりしたものだとは限らない。我が家の暮らしも、ニワトリが庭で日向ぼっこをしているからといって、私たちがニワトリのようにのんびりしているわけではない。

冷静に考えてみると、当たり前の話だ。冬に燃やす薪を用意するだけでも、木を運んで、切って、割って、また運んでと、けっこうな作業をしないといけない。洗濯機を使わずに服を洗おうと思うと、洗濯機を使うよりも時間がかかる。

今年のことで言えば、畑にする土地を開墾して、畑の柵を作った。ニワトリたちが家に来たので、鶏小屋を建てることにもなった。そういうことにも時間を使う。

また、私の場合、「まち」に住んでいたときと比べて、通勤時間がずいぶん長くなった。前は往復で20分ちょっとだったのに、今では3時間ほどになっている。

夫婦ともに、けっこう忙しい。妻の仕事がパートタイムなので、それで何とかやれているという感じもある。

ついでに、この機会に言っておくと、大学教員の仕事はヒマではない。これも誤解されやすいところかもしれない。平日の昼間に人に会いに行けたりするし、夕方の早い時間に学童保育の迎えに行ったりするし、子どもの授業参観や懇談会への出席率は高かったりするから、ヒマだと思われかねないけれど、そうではない。

たしかに、時間の融通はききやすい仕事だ。だから、子どもの学校行事には参加しやすい。けれども、時間の融通がきくことと、時間に余裕があることとは、まったく別の話だ。時間の融通がきくことで時間に余裕がなくなることだってある。仕事の時間の枠がはっきりしていないので、ヘタをすると、際限なく仕事が入ってきてしまう。大学関係の仕事をしながら家や地域のことをするのは、楽ではない。

そんなわけで、家のことについては、「やりたい」「やらねば」と思っていながら後回しになっていることが少なくない。門のところの表札は、引っ越し直後に「とりあえず」ということで妻が字を書いて入れ込んだ板がそのままになっている。郵便受けも、「木か何かで自作したいね」と言いながら、1年半以上そのままになっている。物置き小屋を作る構想も、家の周りに木を植える話も、実現していない。懸案事項が積み上がっている。

スクラップヤードに憤る

（2年目の夏）

大変なことになった。家の近くに株式会社がスクラップヤードを作ってしまった。何の知らせもなく目の前で工事が始まり、土地が金属のフェンスで囲まれていった。また資材置き場が増えるのかなと考えていた。「景色も悪くなるし、嫌だなあ」

と思っていたけれど、止める手立ては思いつかないし、傍観してしまっていた。

操業が始まったのは、資材置き場ではなく、鉄などの金属を引き取るスクラップヤードだった。鉄、銅、アルミといった金属そのものだけでなく、冷蔵庫、洗濯機、自転車、ミシン、給湯器、ガスメーター、発電機なども集めるようだ。楽器、陶磁器、フォークリフトも買い取るらしい。

とにかく騒音がすさまじい。金属がぶつかる「ガシャーン」という音、金属を叩くような「ガン、ガン」という音、金属を切断するような「ヴィーン」という機械音などが、フェンスの内側から響いてくる。大きな音は、山に反響して、雷のように一帯に響き渡る。

土曜日でも、日曜日でも、金属音や機械音は止まない。朝の8時前から始まることもあり、18時を過ぎても大きな音のすることが少なくない。

我が家は、集落のなかでもスクラップヤードに近いところにある。音を遮るものは間にない。私も妻も、日中に家で落ち着くことはできなくなってしまった。音がしていない時間はあるものの、いつ大きな音がするかわからないので、何となく体と心が緊張してしまう。本を読んでいたり、家族で話をしていたりしても、急に「ガシャーン」と不快な金属音がするので、集中することができない。日中に家にいると気分が悪くなってくる。まともな生活ができなくなった。

有害物質の流出も気になる。スクラップヤードの看板を見ると、パソコン、プリンタ、携帯電話、バイク、モーター、バッテリー、ストーブなど、雑多なものが引き取り対象になっている。しかし、スクラップヤードに屋根はない。いろいろな物が雨ざらしだ。

何がどれくらい流出するのか（しないのか）、はっきりしたことは不明だけれど、とにかく有害物質が流出しない保証は何もない。スクラップヤードに降った雨は、近くの川に入り、京都の市内を流れ、淀川につながって、海にたどりつくはずだ。夏には子どもたちが遊んでいる川の上流で雑多な機械類が雨ざらしになっていると思うと、たいへん恐ろしい。雨ざらしにしている企業を行政が規制できないのなら、それも怖いことだ。

調べてみると、家の近くに現れたスクラップヤードは、千葉や埼玉などで大きな問題になっている種類のものらしい。関東でも、騒音等がひどいようだ。

自分の身に問題が及ぶまで、こういう問題が起こっていること自体、私は知らなかった。自分が当事者になると、心配してくれる人、共感して怒ってくれる人、力を合わせてくれる人のありがたさが身にしみるし、自分たちの窮状が理解されないときのもどかしさも痛感する。これまでの自分は、ほかの人の窮状に対してどうだっただろうかと、反省したりもする。

ともかく、黙ってはいられない。生活環境、自然環境、地域社会を守らなければならない。地域の人といっしょに、取り組み始めている。

（2年目の夏）

「洛外」を感じる

家の近くにスクラップヤードができる前から、殺風景な金属フェンスで囲まれた土地はところどころにあった。建設業者の資材置き場が少なくない。

屋根のない資材置き場のほかにも、ちらほら倉庫がある。全部を把握しているわけではないけれど、家からは緑色の大きな倉庫が見えるし、少し離れたところには雑貨店が倉庫をもっている。

私の家のすぐそばには、骨董品を扱う人が倉庫として使っている建物がある。京都の市街地に倉庫を確保しようと思うと費用が膨大になるので、今の場所を借りているそうだ。

骨董品屋さんとは顔見知りになっていて、ときどき話をする。子どもたちも声をかけてもらったりしている。我が家に流れ着いて持て余していた昔の大皿などを買い取ってもらったこともある。骨董品屋さんに対して、悪い感情はもっていない（むしろ好きだ）。ただ、自分たちの暮らす地域そのものが「まち」の物置きになっている印象は否めない。

それでも、物置きなら、まだいい。ゴミ捨て場のような扱いを受けているところもある。家の近くでも、フェンスで隔てられた土地にたくさんのガラクタが積まれていたりする。

京都御所や二条城の周り、京都駅の近くには作られなさそうなものが、私たちの住む山あいの地域に作られている。送電のための大きな鉄塔にしたって、そうだ。我が家の窓から見えるのは、「昔ながらの美しい里山の風景」ではない。美しくないとは言わないけれども、もう少し現代的な風景だ。窓の外の山々は、いくつもの鉄塔に踏みつけられている。

多くの人が意識しないところで山間部に押しつけられているのは、スクラップヤードだけではない。「まち」に不要なもの、「まち」に不都合なもの、「まち」に不似合いなものが、周辺部に持ち込まれている。

見たくないもの、触れたくないもの、遠ざけたいものを周辺部に押しつける仕組みは、平安京の時代から変わっていない。山の中で暮らし始めて、そんなふうに強く感じるようになった。「ここはゴミ捨て場じゃない！」「この地域を物置き代わりにするな！」――そう叫びたい気持ちがある。

もっとも、考えていくと、話は複雑だ。ガラクタを押しつけられている私たちも、ほかの地域に厄介なものを押しつけてしまっているのかもしれない。たとえば、東京電力の原子力発電所が福島県や新潟県に置かれてきたように、関西電力の原子力発電所は福井県に置かれている。米軍基地は、私が押しつけているわけではない気もするけれど、沖縄に集中している。水俣病やイタイイタイ病が「地方」で広がった事実も、忘れてはならないだろう。

外国の地に押しつけているものも少なくないはずだ。あれこれの食品に入れられている植物油（パーム油）は、遠くの土地とそこに暮らす（人間も含む）生きものを傷つけていないだろうか。私が暮らす山里に（押しつけられたかのように）並んでいる太陽光パネルは、どこでどうやって製造されているのだろう。私たちが使うパソコンやスマホの材料は、どこから来て、どこへ行きつくのだろう。私が着ている綿のシャツは、誰かの苦難とつながっているのではないか。

スクラップヤードの灰色のフェンスをにらみながら、そんなことを考えている。

（2年目の冬）

当事者を自覚する

家の近くのスクラップヤードの騒音は続いている。スクラップヤードの問題を何とかしない限り、我が家が平穏に暮らすことはできない。

幸い、地域の自治連合会が、地域全体の問題として取り組んでくれている。自治連合会長さんや町内会長さんといっしょに、何度も役所に足を運んだ。

ただ、京都市の公害対策部局は、「騒音公害が発生していることは認識している」と言いながらも、「規制する法令がないので強制力をともなう対処はできない」と言う。残念ながら、公害が野放しにされてしまうのが京都市の（日本の）現状のようだ。

騒音公害の被害を受ける当事者になったことで、いろいろと、感じること、考えることがある。

たとえば、「〇デシベル」という音量が騒音問題の決め手にされがちなことの理不尽さを強く意識するようになった（近くのスクラップヤードの場合、「〇デシベル以下に」という基準さえ適用対象外で、「騒音無法地帯」なのだけれど）。騒音計に記録される音量は同じだったとしても、川を流れる水の音と、大量の金属が崩れ落ちる音とでは、私の体が感じる苦痛はまるで異なる。

スクラップヤードの騒音に直面していると、不規則な金属音を強制的に聞かされることのつらさを痛感する。リズミカルでも単調でもない、雑多で不快な金属音が、断続的に襲ってくる。雷のような大きな音が響くこともあるのだけれど、それほど音量が大きくないときでも、しんどい感覚があるし、目の前のことへの集中力が削がれる。

また、騒音被害については、騒音による直接的な苦痛だけでなく、生活が騒音に支配されていくことの問題性を感じている。

断続的な騒音を経験させられていると、音がしていないときでも、「次はいつ大きな音がくるのだろう」と気になってしまう。騒音が控えめな日に、「今日はマシだな」

と考えている自分に気づくと、音がしていないときでも結局はスクラップヤードの騒音に縛られていることを感じる。

自分の予定を考えるときにも、「家にいても音が気になってしまうから、出かけようかな」「家に帰っても音がうるさいだろうから、もう少し遅く帰ろうかな」といった発想になってしまう。「静かなうちに○○をして、騒音のする時間帯に××をしよう」と考えてしまったりもする。

それから、だんだん自覚するようになったのは、被害者どうしの共感とか、何となくの連帯感のようなものだ。

インターネットで見つけたニュースで、家の隣にスクラップヤードを作られた被害者の方が、午前8時にスクラップヤードの鉄の門が開く音がすることについて、「憂鬱以外の何物でもないですね」と語っていた。「わかる!」と思った。

家のすぐ隣という環境と、少しは離れている私たちの環境とでは、事情が異なるところもあるだろう。でも、私たちも同じような経験をしている。朝の7時半頃になると、「もうすぐ始まるだろうな……」と考えてしまったりするし、金属音が響き始めると、「今日も始まったか……」と思うことになる。この感覚は、経験してみないと十分には理解しにくいものかもしれない。

「当事者でなければわからない」「当事者ならわかる」という言い方が正しいとは思わない。とはいえ、当事者でなければわかりにくいことがある気はするし、当事者だからこそ気づきやすいこともあると思う。そういう実感は、障害児教育や障害者福祉に関わっている身としても、意識しておきたい。

山里の切り捨てに直面する

（2年目の2月）


2月4日に京都市長選挙が終わった。それから1週間の間に、衝撃的な話が2つ届いた。市長選挙への影響に配慮して、現職（の後継）陣営に不都合な情報が選挙後まで伏せられていたのだろうか（そう思えてならない）。

一つは、我が家の子どもたちが通う学校の給食調理が来年度から外部委託になるということ。昨年12月には受託業者もほぼ決まっていたのに、実施直前の2月になって初めて保護者に知らさられた。

外部委託が決められた経緯や理由についての具体的な説明は何もない。「献立や食材は今までと変わらない」という話だけれど、お知らせ文を読んでも「何も変わりません」とは書かれておらず、変わる可能性があることについての説明はない。

これまでの調理員さんは、子どもたちから「〇〇さん」と名前で呼ばれ、たくさんの子どもに慕われていた。行事のときに子どもたちといっしょに昼食を作ってくれたりもした。そういう関係性は、今後も成り立つのだろうか。

学校に通う子どもにとって、給食は大切なものだ。うちの子などは、給食の献立表を見ながら、「今日は絶対に学校に行かないと！」とか言っている。給食を株式会社に投げてしまうという姿勢は、子どもたちをバカにしている。

もう一つの話は、地域の存亡にも関わるような問題だ。路線バスの大幅減便計画が示された。我が家の前を通るバスについては、「上り8便、下り7便」から「上り5便、下り4便」へ、およそ半減させるという方針だ。

これは単なる本数の問題ではない。「不便になるなあ」という次元の話ではない。生活が成り立つかどうか、暮らしていけるかどうか。そういう問題だ。実感から言えば、1日に7～8便あると、不便ながら、それで何とか生活できなくもない。けれども、4～5便では、それに頼って暮らすのは難しい。その差は大きい。

バスで出会う人たちの顔が思い浮かぶ。路線バスで学校に通う子どもたちはどうなるのか。障害があって自転車や自動車に乗れない人はどうするのか。高齢になって車を運転しづらくなった人はどうすればよいのか。

バスの便数削減や路線廃止について、「時代の流れ」と言う人はいるかもしれない。でも、気候変動対策を考えるなら、自家用車の抑制と公共交通機関の整備こそ、求められる流れだ。高齢者の「運転免許返納」との関係でも、バスや電車の重要性は明らかだ。

そもそも、現代社会のなかで、交通機関はライフラインになっている。「採算が取れないので水道を止めます」「従業員不足なので電気を止めます」というのが許されないのと同じで、人の「足」を奪うことは許されない。

相談どころか説明会もなく、各世帯への「お知らせ」さえもなく、自治連合会宛の紙一枚で路線バスの減便を強行する姿勢は、山里に住む人間をバカにしている。

励まされるのは、地元の人が黙ってはいないことだ。私の集落の町内会長さんは、緊急の町会を招集してくれた。隣の集落の方は、便数の維持を求める要望書をすぐに作ってくれた。

減便計画が撤回されようとされまいと、言うべきことは言わないといけない。怒るべきことには怒らないといけない。山里をないがしろにする社会、弱い立場の人間を切り捨てる政治に対して、私たちの存在を突きつけなければならない。集落の尊厳、地域の気概の問題でもあるのだと、私は思う。

山里に住む人は、大切な田畑を存続させることができる。壊れつつある自然環境を守る潜在力をもっている。

山里が崩壊していけば、田畑が荒れていく。住む人が減ると、悪質スクラップヤードのような施設が入り込み、山里が「物置き」「ごみ捨て場」「発電場」に変えられてしまう。

せめぎ合いの最前線が、私の目の前にある。

（3年目の春）

畑を借りる

家の近くのスクラップヤードの騒音は続いている。夜の8時頃まで金属音が響く日もある。連日、遅い時間までライトが周囲を煌々と照らしている。

町内会長さんといっしょに京都市役所で対策を訴えても、「今のところ市内で問題になっているのは1か所だけだから」と言われてしまい、他の自治体で進んでいるような規制条例づくりを検討してもらえない。「公害が広がったら対策を考える」ということのようで、公害の予防はしないらしいし、1か所だけなら公害が放置されるようだ。

日常的にスクラップヤードの騒音にさらされていると、心身が傷ついていくのを感じる。常に大きな音がしているわけではないものの、いつ大きな音に襲われるかわからないので、いつも体が緊張してしまう。

防音効果の大きい二重窓の部屋から出るだけでも、ちょっとした決意をしている気がする。家の外に出るときは、騒音を気にしながら、おそるおそる戸を開ける。近所を歩くときも、逃げるように速足になってしまうことがある。

外出先から自分の家に帰ろうとすると、ぼんやりと不安を覚え、ドキドキするような感じになる。スクラップヤードのことを考えてしまう。「また嫌な思いをするのだろうか」という恐怖感がまとわりつく。

家を離れているときでも、金属がぶつかり合うような音を聞くと、小さめの音でも、嫌な感覚が体内によみがえる。工事現場の横を通って、重機の音や金属の音が耳に入ると、以前にはなかった苦しさを感じる。映画を観ていても、金属片をトラックに放り込むシーンがあると、身体が不快感に襲われる。

それでも、私や子ども2人は、職場や学校に行っているので、家にいる時間が少ない。一方で、妻は、日中に家にいることが多い。毎日のように、長い時間、スクラップヤードの騒音と向き合わなければならない。経験しないとわかりにくいかもしれないけれど、これは一種の拷問のようなものだと思う。

窓を閉めきった家の中にも、スクラップヤードの音は響いてくる。逃げ場がない。家で安心して過ごすことができない。

スクラップヤードの騒音を受ける日々が続くなかで、妻は心身の不調を抱えるようになった。昼間に家にいることが難しくなってきた。

スクラップヤードの騒音公害を止めるための取り組みも少しずつ進めているものの、すぐには解決しそうにない。さしあたり自分たちの身を守る必要がある。一時的に転居することも含めて、妻といっしょに対処法を考えた。

あれこれのことを考え、いくつかの道を探るなかで、家から自転車で10分くらいのところに畑を借りられる方向になった。家の横の畑に比べると、かなり広い畑だ。雨風や日差しをしのげる小屋もあり、トイレも近くにあるので、その畑を日中の居場所にすることができる。

畑を貸してもらうことになったのは、スクラップヤードの騒音公害のせいだ。自分たちの家で安心して過ごせないのはやるせない。けれども、くよくよしているだけではつまらない。今の状況のなかで、できることを精一杯やってみよう。

私たちは、畑の世話をする暮らしがしたくて山里に移り住んだ。スクラップヤードの問題があって、結果的に、広い畑に向かって背中を押された。畑とともにある暮らしに向けて、新しい一歩を踏み出すことになる。この一歩を大切にしたい。

コラム　学問への姿勢を問う

私は大学で教員をしている。だから、ときどき研究者の集まりに参加する。そんなときに気になるのが、机の上に置かれているペットボトルだ。

先日も、「戦争」をテーマにしたシンポジウムに参加したら、登壇者を含め、参加者の8割ほどの前にはペットボトル（または缶）があった。

ペットボトルを作るための原料・燃料となる石油をめぐって、たびたび戦争が起きてきたのではないのだろうか。プラスチックの使用によって気候変動が助長されれば、紛争・戦争が生じやすくなるとも言われている。

日本の社会の現状を考えると、日常生活のなかでペットボトル飲料を利用する人を激しく非難しようとは思わない（穏やかに説得したい気はする）。でも、社会のことを真剣に考えようとしているはずの研究者が、恥ずかしげもなく公の場にペットボトルを置くことには、激しい疑問を感じる。

子どもの権利に関する学習会の場でも、ペットボトルが並び、お昼にはコンビニのパンが持ち込まれていた。プラスチックや農薬による環境汚染が子どもの権利を脅かしていることについての見解を問いたくなる。工業型農業を基盤とする現在の食料システムが気候変動の要因になっていること、気候変動が子どもの権利にとっての巨大な脅威であることは、どう理解されているのだろうか。子どもの権利について考えるときくらい、もう少し、子どもの権利を守る努力をするべきではないだろうか。

別の機会には、「エコロジー」を主題とする研究発表を聞いたけれども、発表者の机には、パイプをくわえたおじさんの絵が入ったペットボトルが置かれていた。コーヒー飲料のようだ。「これは一体どういうことだ?・」と思ってしまう。

さらに、その集まりの懇親会に出ると、大学生協の食堂が会場だったのだけれど、おしぼりも、割り箸も、紙の皿も、プラスチックのコップも、ことごとく使い捨てのものだった。そして、並んでいる料理のほとんどに肉や卵が使われていた(私はそれを食べるわけにはいかない)。

普通の学会でのことなら、「これが日本の現状だよな」と気持ちを落ち着かせられるのかもしれない。けれども、学会誌で「エコロジー」についての特集をしているような組織でのことだから、困惑と憤怒と失望が混じった感情を覚える。

気候危機を語りながら、ベジタリアンではないこと、肉の唐揚げやエビの炒め物を食べることを公言してはばからない研究者もいる。地球温暖化について文章を書きながら、一方で「畜産や屠殺の文化を守れ」と言う研究者もいる。畜産が巨大な温室効果ガス排出源になっていることを考えると、こうした態度は研究者として（人として？）不誠実だと思う。

もちろん、みんながペットボトルを使わなくなっても、それだけでプラスチック汚染がなくなるわけでもないし、気候変動が止まるわけでもない。何人かの研究者がベジタリアンになったくらいでは、畜産の害もなくならない。それでも、ペットボトルの使用をやめるくらいのこともしないで、何をしようというのか、と思う。

私自身も矛盾を抱えてはいて、学習会に革の靴を履いていくこと、革のベルトをしていくことについては、葛藤がある。クリアファイルを使うのも、（自分で新しく買うことはないにしても）本当は良くない気がする。人前でボールペンを取り出すことにも、後ろめたさを感じるときがある。ただ、水筒を持ち歩くのは難しくないから、ペットボトルを使うことはない。

自分も足りないところだらけで、エラそうなことは言えない――そんなふうに謙遜するつもりはない。自分がまだまだなのは、わかっている。でも、そのこと以上に、ペットボトルを片手に、堂々と肉を食べながらエラそうなことを語る研究者の存在が気になる。

誰かから反論があれば、受けたい。お前のほうこそ、まだまだじゃないか、なってないじゃないか——そう批判してくれる研究者に出会えるときを、私は待ち望んでいる。

6　山里暮らしを楽しむ
（1年目の春から）

古建具を味わう

私たち家族が住んでいる家は、130年ほど前には既にあったらしい。記録がないので、いつ建てられたのかは不明だ。

いわゆる古民家ということになるのだろうけれど、私たちは古民家に住みたいと思っていたわけではない。畑の世話をしながら暮らせるところを探していたら、たまたま今の家に出会った。

引越しを決める前、初めて今の家に入ったときも、古民家だという意識はもたなかった（知識不足で、もてなかった）。多くの部屋が洋風の装いになっていて、およその見た目は現代的なものだった。

家の改修に向かうなかで、どういう家なのかを理解していった。見えなかったところに何本も太い梁《はり》が通っていて、部屋の上には竹と筵《むしろ》の天井があった。床下では、柱が石の上に乗っていた。

改修にあたって、私たちは、家をなるべく元の姿に近づけたいと思った。30年ほど前に設置されたらしい壁は取り除くことにして、部屋と部屋の間は板戸やガラス戸などの建具で仕切るようにした。

建具のことでは、京都市内の夷川《えびすがわ》通りにある古建具屋さんにお世話になった。「こういうのが欲しいのですが……」と話をすると、良さそうなものを探しておいてくれて、店を訪ねると、たくさんの建具がぎっしり詰まった倉庫に連れていってもらえた。

古建具屋さんは、木で編まれた網代戸《あじろど》を紹介してくれた。網代戸というのは、これまでの自分たちの生活のなかにはなかったし、考えてもいなかったけれど、軽くて通気性がよく、風情がある。保温を重視しなくてよいところなら、網代戸も魅力的だった。風呂場（脱衣所）の入口の戸や、トイレの戸は、網代戸にすることにした。

玄関を入って正面の建具は、筬格子《おさごうし》のものになった。「筬格子」という言葉も、古建具屋さんから聞いて初めて知った。細い木材が小さな釘で止められていて、きめ細かい格子になっている。

板戸やガラス戸も、私たちの希望に合うものをそろえてもらって、全部で16枚の建具を譲っていただいた。

ちなみに、古建具の値段は穏やかなものだった。あくまで「中古品」の値段で、「骨董品」の値段ではない。ありがたかったけれど、建具の立派さを考えると、なんだか申し訳ない気もした。

私の素人感覚からすると、我が家に来た建具は、貴重なもので、骨董品のようなものだと思う。昔風のガラス戸には、模様の入ったガラスや、光が微妙に歪むガラスなど、最近では見かけることの少ないものが使われている。筬格子の建具も、今はもう作るのが難しくなっているらしい。

ついでに言うと、古建具屋さん自体も貴重な存在だ。以前は夷川通りに建具の店が何軒もあったそうだけれど、なくなってきてしまっている。どうも寂しい話だ。技術や文化が失われつつあることを感じる。

トイレの網代戸
（金属の取っ手は自分たちで探した）

防寒着を手に入れる　（1年目の晩秋）

私が住んでいるところは、山の中で、京都の中心部と比べると標高が高い。日によっては、市街地よりも5度くらい気温が低い。夏は涼しいけれど、冬は寒い。寒さへの備えが欠かせない。

前の冬まで、家の中では紫色のフリースを着ていた（学生時代に買ったもので、思えば長い付き合いだ）。まだ着られるものの、マイクロプラスチックを発生させる化学繊維の問題性を知った今となっては、このままフリースを使い続けるわけにもいかない気がしていた。

そこで、綿の入った半纏《はんてん》を探すことにした。中綿にポリエステルが混じらない、綿100%のもの。現代の綿花栽培の環境負荷も気になるところではあるけれど、とりあえず化学繊維を避けたい。けっこう値は張るけれど、冬場は毎日のように着るし、これから何十年も使うことを考えると、奮発してもよいように思った。

とはいえ、半纏はいったいどこで売られているのだろう。デパートの呉服売り場をのぞいたりもしたけれど、なかなか求めているものに巡りあえず、結局はインターネットに頼ることになった。

環境負荷という面では、新品の衣類を購入することには後ろめたさがあるし、通信販売で送ってもらうのも気が引けた。けれども、ちょうどよい古着を近くで見つけるのは難しそうだった。半纏は、段ボール箱に入って届き、冬の暮らしの相棒になった。ふかふかの半纏は、布団を着ているような感覚で、とても暖かい。


半纏に続いて手に入れたのは、羊毛のコートだ。

パキスタンの器、イランのグラス、ルーマニアの皿などを扱っている雑貨店で、たまたま見つけた。雑貨店でコートを買うことになるとは思ってもみなかったのだけれど、店の片隅にたたんで置かれていたものが目に入った。「ラダックコート」と書かれた札が付いていた。ヒマラヤ山脈の西の端、ラダック地域から来たものだ。

着てみると、ずっしりとして重く、身軽な感じはしないけれど、ずいぶん暖かそうだった。見た目も良い雰囲気だ。ラダックという土地にいくらか思い入れもある（拙著『気候変動と子どもたち』の終章を参照ください）。コートに心がときめいた。

それでも、衝動買いは避けて、家に帰って考えた。今ある化学繊維のコートで間に合っているのではないだろうか。ラダックのコートを日本で着てよいのだろうか（地産地消からも程遠い）。「動物の権利」からすると、羊毛を身にまとうのは問題なのではないか。少なからず疑問も湧いてくる。

一方で、たまたま、人口が少なくなっている地域に移住した人への補助金の話が舞い込んだ。ストーブやコートなど、新生活に必要な品を購入すると、1件あたり5万円まで補助が出るという。それを知って気が大きくなったことは否めない。再び雑貨店を訪れ、それでも少し迷ってから、貴重なコートを手に入れた。

こういう判断が正しいのかどうかは、わからない。

ラダック製の羊毛コートと半纏

和傘で歩く

（3年目の春に記す）

1年ほど前から、雨の日に和傘を使っている。竹の骨組みに和紙が張られているものだ。新しい傘が必要になり、金属とプラスチックの傘を避けたいと思った。傘の撥水加工にはPFAS（有機フッ素化合物）が使われている可能性が高いようでもある。和傘を試してみようと思い、探したところ、本格的なものは何万円もすることがわかった。とても気軽には手が出せない。日常生活に和傘を使った経験がないので、どれくらい実用できるのかも見当がつかない。もったいない買い物になりかねない。

インターネットで和傘を調べると、「コスプレにおすすめ」「劇に使える」というふうな宣伝文句が付いているものが少なくない。そういう需要があるようだ。実用性に不安を覚える。

そうしたなかで、「雨天使用可能」という説明が書かれている番傘を見つけた。通販で購入することへの引け目を感じつつ、6000円くらいで手に入れた。

届いた傘を見ると、パソコンの画面で見たときにはわからなかったものの、てっぺんの部分にはプラスチックのシートが貼られていた。残念ではあったけれど、和傘のなかではかなり安価なものを選んでしまったし、仕方がないのかもしれない。

雨の日にさしてみた。なかなか良さそうだ。すぐに壊れてしまいそうな感じでもない。地面に対してまっすぐに立てて持つので、体がしゃきっとする感覚もある。

ただ、周囲の目を引いてしまっているようには思う。「おしゃれ」で番傘を手にしているわけではないし、目立ちたいわけでもないのだけれど、近所でも職場でも、傘のことで声をかけられる。買い物に行った先でも「懐かしいものをお持ちですね」と言われたりする。どうも気恥ずかしいものの、「なるべくプラスチックを使いたくなくて」という話をする機会になるので、悪くはない気もする。

もっとも、この番傘の環境負荷がどのようなものなのか、実際のところはわからない。番傘がどこでどうやって作られているのか、私は理解できていない。和紙には油が塗られているけれど、それがどういう油なのかもわからない。

番傘についてのモヤモヤは、ほかにもある。ひどい豪雨のなかを長く歩いたときには、和紙と和紙の継ぎ目から雨漏りがして困った（傘の中にポタポタと雨が降る）。普通の雨なら問題ないものの、傘としての強さという点では難がありそうだ。

それから、よくある洋傘と大きさ（太さ）が違うので、傘立てに収まらないことが多い。使い捨ての傘袋にも入らない（それはそれでよいようにも思う）。

あと、逆さまにして持ち歩けないので、傘を閉じているときの持ち方に戸惑う。持ち手を手首にひっかけることもできないので、手がふさがってしまい、電車の定期券を取り出すのが難しかったりする（手首を通す紐を傘の先に付けるとよいのだろうか）。

考えていて思い至ったのは、濡れた傘を閉じて持ち歩くこと自体が本当は間違いなのではないか、ということだ。バスやら電車やら、地下道やら、大きなビルやら、そういうものを現代社会が増やしてきたから、傘を閉じて持ち歩くことになったのだろう。家を出るときに傘をさし、目的地に着いたら傘を閉じて置く、というのが自然なかたちだと思う。

そもそものところを言えば、「（よほどの理由がない限り）大雨が降ったら外に出ない」というのが、本来のあり方なのかもしれない。

和傘をさして雪の中を歩く

草木を見分ける　（2年目の春）

この春には、近所で育ったノビルやノカンゾウを食べた。6年生の息子は、小川の近くでツクシを摘んで、母が開いている朝市で売った（あこぎな商売だ）。移住する前と比べて、草を手にすることが増えたように思う。

先日も、妻と子どもたちが野草を持ち帰った。地元の人に教えてもらって、ヨモギ、ユキノシタ、タンポポ、コゴミ、イタドリ、ヤブガラシなどを集めてきた。子どもたちは、得意気に、「これはヨモギ」「こっちがイタドリ」と解説してくれた。

ヨモギやタンポポなら、言われなくても私もわかる。コゴミだって、ワラビと間違えそうになったりするけれど、まあわかる。ところが、イタドリについては、「これがイタドリなのか」という感じだ。ヤブガラシは初めて食べた。草のことを知らない自分を痛感する。

木のことも、よくわからない。「まち」にだって木はあるし、大学（職場）にはたくさん木が生えているのだけれど、これまでは気にかけていなかった。大学ではサクランボやビワの実を子どもたちといっしょに収穫したりしていたものの（鳥ぐらいしか競争相手のいない穴場だ）、大半の木は景色でしかなかった。ところが、薪を使うようになって、木を見る目が変わった。バスの窓から木々を眺めて、「あの木は重いのかな？」「こっちの木は硬いのかな？」などと思うことがある。そして、枝を見ると、どのように切り分けると程よい長さの薪になるか、想像してしまう。また、大胆に剪定された後の木を見かけると、「切られた部分はどこへ行ったのだろう？」「ちゃんと薪になったかな？」と考えてしまう（一種の「生活習慣病」だろうか）。

木の種類、木の名前も、気になるようになってきた。薪用に造園業の方に届けてもらったりする木は、「これはカシ」「今度はケヤキ」などと教えてもらえたりするのだけれど、大学で手に入れる木は、種類が謎のままのものが多い。わりと見慣れているサクラや、切ると香りが広がるクスノキなどは、切られた枝を見て木の名前を言えそうだが、それ以外の木になると、ほとんどわからない。薪にするために切っていると、種類ごとの木肌の違いには敏感になるので、「ああ、これね」「この種類ね」と思うようにはなるものの、結局のところ名前はわからないままだし、立っている木の姿を思い浮かべられるとも限らない。

思えば、生まれてから40年以上、木とまともに付き合ってこなかった。丸太を抱えることは、ほとんどなかった。軽い木もあれば重い木もあること、切られた木が乾燥すること、乾燥すると木が軽くなることは、意識していなかった。斧で割りやすい木と割りにくい木があることは、知らなかったというよりも、考えさえしなかった（スギを割るのは簡単だったけれど、最近はケヤキに苦戦している）。

小学校や中学校で理科を教わり、大学入試センター試験では「生物」を選択したのだけれど、草木については知らないことだらけだ。学校教育って、何なのだろう。学ぶべき大切なことって、何だろう。そんなことを思ったりもしている。

朝市に出かける

妻は「伏見わっか朝市」の運営に携わっている。京都市伏見区にある「京《みやこ》エコロジーセンター」のエントランスホールを使わせてもらって、毎週土曜日の午前中に開催している朝市だ。京都で有機栽培された季節の野菜を中心に、有機大豆の豆腐や揚げ、（かやぶきの里で知られる）美山の平飼卵などが並ぶ。魚屋さんも（舟屋で有名な）伊根から来ている。手作りのパンやお菓子の販売をしてくれる人もいる。

もともとは、農民運動団体による朝市が長年にわたって伏見で続けられていた。私たちは自転車で10分ほどのところに住んでいたので、ときどき買い物に行くようになった。「ぜんざいのふるまいがあります」というときには、托鉢僧ではないけれど、お椀と箸を持って親子で駆けつけた。だんだんと朝市の常連になった。

そのうち、「ちそぅ」という屋号の方が天然酵母のパンを朝市で売るようになった。妻とよく似た顔の、でも10歳くらい若い女性だ（姉妹?と思われることが多い）。ときどき話をするようになり、子どもの誕生日に米粉のシフォンケーキを焼いてもらったりした。

そうこうするうちに、朝市を担っていた方々が高齢になり、朝市を終わりにするという話が出た。ところが、「なくすのはもったいない」ということで、ちそぅさんが後を継ぐことになり、伏見わっか朝市が始まった。そのとき、ちそぅさんから、「いっしょにやってもらえませんか」と、妻が誘われた。

およそ2年半、ちそぅさんを中心に有志で営む朝市が続いた。ちそぅさんが遠くに引っ越すことになり、朝市の継続が危ぶまれたのだけれど、「なくすのはもったいない」

という声が強く、妻が運営の中心を引き継ぐことになった。それから1年くらいになる。ぜんざい好きで食いしん坊の子どもたちのおかげで、なんだか不思議な巡り合わせになっている。

お金の面では「とんとん」で、もうからない朝市だ。運営の仕事に対価が出るわけではない。でも、関わる人それぞれが朝市に意義や魅力を感じて、朝市が続いている。おもしろい人たちが朝市に集まってくる。

自然栽培の畑から野菜を持ってきてくれる30代後半の男性は、作務衣に草履で現れることが多い。前は建設関係の仕事をしていたけれど、思うところがあって田舎に移り住んでいる。生きものを大事にしていて、うちの息子が蚊をたたこうとしたら、「やめて！」と言われた。

生玄米から作ったビーガン焼き菓子を販売するaririnさんは、京都の大学に通う学生さん。本人もビーガンの食生活を送っている。お菓子はやさしい味で、本当においしい。

先日は、ひでみ農園のみなさんが、朝市の傍らで開催する「ちいさいわっか教室」で話をしてくれた。少し前に家族で伏見から綾部市に移住して、自給自足を軸に農園を始めたとのこと。30歳くらいのきょうだい3人ともがそれぞれ仕事を辞めて移住することにしたというから驚きだ。

なお、つい最近、京エコロジーセンターと伏見わっか朝市との連携企画ということで、私も「ちいさいわっか教室」で話をした。お題は「冷蔵庫なしのススメ」。「京都教育大学准教授」という肩書で登場したものの、何のことはない、朝市の身内だ。

人と人とのつながりのなかで、小さいながらも貴重な朝市が成り立っている。「安心できる野菜を探していた」という常連さんが少なくない。こういう場が各地に増えていってほしい。

春を迎える

(3年目の春)

早いもので、今の家に引っ越してから3度目の春が巡ってきた。

薪ストーブを使わなくなると、どこか寂しい気もするものの、ほっとする感覚がある。冬を越えた、と思う。山里に移り住んでから、「冬支度をする」「冬を越す」という言葉に実感がともなうようになった。薪を蓄えて冬を迎え、空になっていく薪棚を眺めながら冬を過ごす。

以前から夏と冬では服装も布団も違うのだけれど、薪ストーブや薪ボイラーを使うようになり、冷蔵庫や洗濯機を使わなくなって、夏と冬の間での暮らし方の差が広がったように思う。

夏と冬では、「家の外での家事」の具合も違ってくる。夏は早朝に庭や畑のことができるけれど（早朝でないと暑くて大変）、日の短い冬の朝や夕方に外仕事をするのは難しい。冬は雨や雪も多く、外での作業を進めづらい。雪が積もると、土に鍬《くわ》を入れる仕事はできない。

春になると、虫や鳥が動きだすのとともに、私たちの暮らし方も冬型から春型へと移っていく。これからの1年は、どういうものになるだろうか。

思えば、私たち家族の生活は、この2年ほどの間にいろいろと変化した。

冷蔵庫を使うのをやめ、壊れた洗濯機を処分してからは手と足で服を洗っている。いつの間にかテレビも観なくなった。

家の隣の土地を開墾し、鹿から畑を守るための柵を組み、野菜を育てるようになった。

鋸《のこぎり》やチェーンソーで薪づくりをするようになり、家に13台、大学に1台の薪棚を置いた。斧での薪割りも上達した。

何より、たくさんの人との出会いがあった。地元での付き合いも濃くなってきたし、「伏見わっか朝市」を通しても人の輪が広がった。有機栽培や自然栽培を実践する人たち、ビーガン生活を送る人たちと知り合うこともできた。学校給食の民間委託を黙って見過ごさない保護者仲間と、議会請願に取り組んだ。すてきな人たちとの出会いは、希望の源だ。

これから私たちの生活に何が起きていくのか、すべてを予想することはできない。家の近くにスクラップヤードが作られ、騒音公害と闘う日々を送ることになるなんて、1年前には思ってもみなかった。スクラップヤードというもの自体、知らなかった。ニワトリと暮らすことも、1年前には考えていなかった。偶然が重なり合って、チャボが家にやってきた。

今年の初めには、生まれてすぐのヒヨコを譲り受け、今は2羽のチャボが庭で暮らしている。

最初に家に来たチャボのノブコさんは、今年の3月11日に初めて卵を産んだ。うっすらと桃色がかった小さな卵だ。冬の間は卵を産むことがなかったけれど、少し寒さがやわらぎ、あたりから鳥の声が聞こえ始めるなかで、１日おきくらいに卵を産むようになった。春が来た、と思った。

2部

生活実験の経験と発見

1　暮らしながら考える

◆たかが一家族

我が家が冷蔵庫を使わなくなったのは、電気の無駄な消費を減らしたかったからです。我が家で薪を使っているのは、化石燃料から発生する二酸化炭素（温室効果ガス）を抑えたいからです。私たち家族の生活実験の背景には、「どうすれば環境負荷の少ない暮らしができるのだろう」という問題意識があります。真に持続可能な生活を探求したいのです。

一つの家族が躍起になったところで、地球環境は良くならない――そういう意見があるかもしれません。その通りだと思います。私たち家族が努力を重ねても、直接的な効果はまるで取るに足りないものです。

気候変動にせよ、プラスチック汚染にせよ、農薬汚染にせよ、現在の環境危機は、社会全体としての対策によって克服していくべきものです。個人や家庭が責任を背負い込むのは間違っています。政府にきちんと役割を担わせ、巨大企業の活動を強力に規制することによって、環境危機の解決が可能になるのだと思います。

◆されど一家族

一つの家族にできることは限られていますが、一つの家族による実践を軽視してよいとも思えません。

政府を動かすことができるのは、私たちです。その私たちが自分の生活に無頓着では、社会を変えていくことは夢のまた夢にすぎません。

プラスチック漬けの生活を続けていては、脱プラスチックに向けての政策を政府に強く迫れないはずです。日常的に鶏肉や豚肉を食べている人は、畜産からの脱却を社会に求めにくいでしょう。ペットボトルを片手に気候変動対策を説くことは可能かもしれませんが、そういうことをする人に私は不信感を抱きます。

一人ひとりが生活を変える努力をすることは、社会を変えていくことと切り離せないと思うのです。

また、真に持続可能な社会を実現していくためには、環境負荷を抑えた生活の具体例が求められます。不完全なものであれ、何かしらの見本があることは、今とは異なる生活をつくっていく力になります。

めざすべき生活の姿が見えていなければ、持続可能な社会に向けての「システムチェンジ」を口にしたところで、必要な「チェンジ」の内容は曖昧なままです。

私たちが望む生活の輪郭をはっきりさせることで、それを現実のものにするための社会変革の課題が浮き彫りになり、政府に担わせるべき役割も鮮明になります。

もちろん、我が家の生活が理想的な見本になるということではありません。第I部を読まれた方なら、そのことは理解してくださっていると思います。私たち家族は、試行錯誤の途上にあり、自分たちなりの暮らし方を模索しているところです。

ただ、不十分であっても、暮らしのなかで工夫や努力を重ね、具体例を交流していくことが大切だと考えています。私たちの生活実験は、そういう取り組みの一環です。

◆生活実験という感覚

自分の生活のなかで実践することで見えてくるものがあります。実際に経験することを通して、ぼんやりと頭にあったことが確信に変わったりもします。

日常の具体的な物事についても、いろいろと気づきが得られます。大きな石を人の手で運ぶことの難しさ、厚手の洗濯物を手で絞る大変さなどは、やってみるとよくわかります。一年に必要な薪の量は、実際に冬を越すことでわかってきます。

山里を維持していくうえでの小学校の重要性、食べものや水が身近にあることのありがたさ、生活に不可欠なバスの便数などは、今の土地に身を置くことで実感できるようになりました。

生活のあり方は、社会への眼差しにも影響を与えます。山里で暮らし始めて、これまでは都市中心の思考に偏っていたことを自覚しました。肉を避ける生活をするようになって、肉を食べる社会の歪みに敏感になりました。

自分たちがめざす暮らし方を試し、経験してみるなかで、発見することがあります。そういう意味で、この数年の我が家の試みを「生活実験」と表現してみました。

もっとも、私たちの生活実験は、入念な実験計画に基づくものではありません。出たとこ勝負も多いのです。薪ストーブや薪ボイラーを家に導入したときも、薪の入手については目途が立っていませんでした（今も綱渡りです）。「何とかなるだろう」「やりながら考えよう」という見切り発車でした。

ニワトリとの暮らしも、偶然のなりゆきで始まったものです。結果として、我が家はチャボに翻弄されることになりました。チャボたちは、翼をバタバタさせて軽々と飛び、柵を越えて私たちの畑に入っては、うれしそうに野菜を食べていきます。いくつかの対策を試しましたが、なかなか決め手は見つかりません。自分たちの畑を荒らす鳥を自分たちで大切に世話しているという、謎の苦境に陥っています。

そういう行き当たりばったりを含む生活実験です。

◆「懐かしい未来」の具体像

実際の生活を通して、私たちがめざすべき「懐かしい未来」を具体的に考えていきたいと思っています。ここでは詳しい説明を省きますが、真に持続可能な社会の姿は、現在の社会に暮らしている私たちが「懐かしい」と感じるものになるはずです。[*1]

単なる懐古主義で言っているのではありません。昔風の生活への素朴な憧れがないとは言いませんが、それを横に置いたとしても、真に持続可能な暮らしを追求していくと、結果的に昔風の生活に近づくのです。

たとえば、農薬や化学肥料や農業機械を用いない農法は、昔ながらの農法に似てきます。鉄骨やコンクリートや合成樹脂を使わずに家を建てようと思うと、昔風の家になりそうです。科学技術が発展すれば、昔風ではないかたちで真に持続可能な生活が実現できるのかもしれません。理屈のうえでは、その可能性が全然ないとは言えません。しかしながら、科学技術の「発展」によって新しい問題が次々に生み出されてきた歴史を考えると、科学技術を過信することはできません。

一方で、昔の生活のなかには高度な技術が存在していました。釘を使わずに立派な家を建てていました。藁《わら》で縄・袋・敷物・履物・雨具などを作っていました。冷蔵庫がなくても食べものを保存できるようにしていました。そうした技術を活かさない手はないように思います。

私たちが「懐かしい」と感じるような暮らしのなかに、真に持続可能な社会への手がかりがあります。

現在の日本に普及している生活様式は、持続可能なものではありません。

どこまでも電力に頼り続けられるとは考えられません。火力発電は温室効果ガスを排出しますし、原子力発電は危険すぎます。太陽光発電にしても、コンクリートを土台に金属の架台を組み、工場で製造されたソーラーパネルを上に置くなら、真に持続可能なものには見えません。

大量の鉄を消費する社会にも、無理があるように思います。石炭（コークス）を用いる製鉄は、二酸化炭素を膨大に発生させます。鉄をリサイクルするにしても、舗装された道路を走る大型トラックで鉄を運び、スクラップヤードに集められた鉄を巨大な重機で動かすことになります。また、日常的に肉を食べるような生活も、長く続けられるものではなさそうです。畜産に利用される動物の苦しみを度外視したとしても、穀物栽培の必要性や森林保護の重要性を考えると、広大な土地を畜産に差し出し続けるわけにはいきません。

太陽光発電や風力発電を活用したとしても、現代的な生活様式をそのまま維持していくことは難しいでしょう。ハイテクが活躍する「現代的な未来」は、真に持続可能なものではなさそうです。

◆「脱成長」「脱資本主義」の限界

現代社会は、経済成長に価値を置いてきました。そのことも、根本的に見直されるべきでしょう。経済成長の追求と環境危機の克服とを両立できるという幻想にしがみついていると、私たちは破局に突き進んでいきます。

真に持続可能な社会を実現するためには、経済成長の追求から抜け出すという意味での「脱成長」が求められます。[*2] 経済的価値が幅をきかせる社会では、自然環境がないがしろにされ、生態系が破壊されていくからです。[*3] 経済成長を強いる資本主義を終わらせない限り、真に持続可能な社会には到達できません。[*4] 脱成長や脱資本主義の必要性や必然性を、社会的な共通理解にしなければなりません。

ただし、脱成長や脱資本主義を抽象的に語るだけでは不十分です。なるべく具体的な未来像を描いていくことが求められます。抽象的な目標を掲げるだけでは、むしろ有害な「ごまかし」や「まやかし」になってしまう可能性さえあります。「脱成長」や「脱資本主義」を言えば問題解決の道筋が見えるかのような錯覚に酔うことになりかねません。

私たちの社会が仮に資本主義を抜け出すことができたとしても、石油を燃やせば二酸化炭素が発生します。経済成長の追求から自由になれたとしても、冷蔵庫を使っていれば、壊れた冷蔵庫の処分方法を考えなければなりません。

抽象的な理念を語り、おおまかな方向性を示すだけでは、具体的な未来が見えてきません。具体的な未来が見えなければ、その未来をめざすことはできません。

抽象的な理念が重要でないということではありません。私自身も、「懐かしい未来」という言葉を用いることで、望ましい方向性を抽象的に言い表そうとしています。

とはいえ、肝心なのは、めざすべき未来を具体的に描いていくことです。使い捨てマスクを使うのか、ポリエステルの服を着るのか、たくさんの自家用車やトラックを走らせるのか、豚の屠殺を続けるのか、紙おむつを使うのか、ゴム長靴を履くのか、子どもに駄菓子・袋菓子を与えるのか、戦闘機や戦艦の配備を認めるのか、衣類乾燥機を家事に利用するのか、肥料にもなるはずの大便・小便を下水道に流すのか、プラスチックを身にまとってスキューバダイビングをするのか、高層マンションの建設を続けるのか、給食で牛乳を出すのか、国際学会のために飛行機で外国に行くのか、家に冷蔵庫を置くのか——そういう問題に答えを出していかなければなりません。

私たちの社会は、具体的な現実として存在しているものです。社会が変わるということは、何かが具体的に変わるということです。社会を変えるということは、私たちの生活を具体的に変えるということです。

私たちの生活と社会をどのようなものに変えていけばよいのか。具体的に考え、具体的に示す必要があると思います。

◆手応えのある生活

実際に生活しながら「懐かしい未来」の具体像を探る実践を、この本では「生活実験」と呼ぶことにしました。ただし、実験のために生活しているわけではありません。「実験が落ち着いたら、洗濯機を購入して、冷蔵庫の電源を入れる」という話ではありません。

今の我が家の暮らし方は、それ自体に魅力を感じているものです。自分たちが望む生活を追求すると結果的に実験になっているというだけです。暮らしながら「懐かしい未来」を考えていますが、「懐かしい未来」を考えるために暮らしているわけではありません。

また、誤解のないように伝えておきたいのですが、私たち家族は、歯を食いしばって今の生活を送っているのではありません。やせ我慢をして不便な生活を耐え忍んでいるのではないのです（薪づくりは大変ですし、薪ストーブが温まるまでの部屋の寒さを耐え忍んでいますが……）。

スクラップヤードの騒音にさらされていること以外は、今の暮らしがだいたい気に入っています。「スマホなし、冷蔵庫なし、クルマなし」の生活は、「なし」だらけの寂しい生活ではありません。

にぎやかな（騒々しい？）子どもたちがいて、地元の人たちとの付き合いもある、なかなか愉快な暮らしです。「なし」も多いけれど、「あり」も多い生活なのです。

我が家の生活は、自分たちの実感としては、普通の生活です。私たち家族の日常は、わりと平凡なものです。無人島で自給自足のサバイバルをしているわけでもなく、人里離れた山奥で獣を相手にしているわけでもありません。私は毎日のように職場に通勤し、妻は家のことをしながらパートタイムで働き、2人の子どもは学校に通っています。京都名物の「学区民運動会」や「地蔵盆」など、地域の行事にも参加します。たまには親子で芝居を観たりもします。けっこう楽しく暮らしています。

2　物事はつながっている

◆なぜ靴を履くのか

我が家では、少しずつ暮らし方を変えてきました。けれども、取り組めていないことがいろいろあります。

その一つが、靴を履かずに暮らすことです。裸足で歩くにせよ、藁《わら》の草履や木の下駄を履くにせよ、革や化学繊維や合成ゴムで作られた靴を履かないようにしたいのです。現代の靴のほとんどは、（人間を含む）動物の搾取や環境の汚染と結びついていて、暗い背景をもっています。*5

けれども、靴を履かずに生活したいと思っても、周囲の視線が気になります。裸足で職場の廊下を歩くのは勇気がいりますし、藁草履を履くにしても似たようなものでしょう。靴を履かずに社会生活を送ることは、なかなかの試練です。

それに、現在の日本の道路は、藁草履で歩くのに適していません。ほとんどの道路が固く舗装されています。私たちは、昔のように土を踏んで歩くことができません。アスファルトやコンクリートの上を藁草履で歩くと、すぐに草履がボロボロになってしまうようです。

みんなが靴を履くことを前提にしている社会は、「靴なし」には不向きなのでしょう。

現代的な靴を避けようと思っても、靴を藁草履に履き替えればよいという単純な話ではすまないのです。

周囲の視線やアスファルトの道路を乗り越えたとしてさえ、藁草履の生活に至るまでには障壁が立ちはだかります。

藁草履を作ろうにも、その技能が私にはありません。草履づくりに挑戦したことはありますが、草履を完成させるどころか、藁縄をなうことさえ満足にできませんでした。博物館で藁沓《わらぐつ》を見ると、そこに結晶している技術と技能に圧倒されます。

また、稲作の機械化が進むなかで、藁が手に入りにくくなっています。刈り取りと同時にコンバインで藁が裁断されてしまうと、藁細工に使うような藁が残りません。まがりなりにも米が主食とされている日本で、稲藁が身近でなくなっているのは、何とも皮肉なことです。

◆連動に気づく

物事どうしが連動しているので、生活の一部分だけを変えようとしても難しい場合があります。いわゆる「生ごみ」の処理方法にしても、住んでいる環境に左右されます。家の周りに土があれば、小さな生きものたちがトマトのへたを何とかしてくれます。庭にニワトリがいれば、ミカンの皮を喜んでつついてくれます。賃貸マンションの4階に住んでいたときには、そういうわけにはいきませんでした。

身近に土があっても、さらに別の要因が影響してきます。土があるだけでは、「生ごみ」を安心して土に戻せるとは限りません。農薬が付着している可能性の高いものや、怪しい食品添加物が含まれているものは、土に混ぜるのを躊躇《ちゅうちょ》してしまいます。何を食べるかということも、「生ごみ」の始末の仕方と連動しているのです。

物事どうしが連動しているので、生活の一部分を変えると、それにともなって他の部分が変わっていったりもします。

たとえば、家で肉を食べなくなると、食器の洗い方に影響が現れます。肉を食べると脂で皿がズルズルになるので、洗剤を使いたくなります。ところが、ご飯と味噌汁と漬物が中心の食事にすると、少量の水で軽く洗うだけで食器がきれいになるのです。「何を食べるか」と「どうやって食器を洗うか」は、連動しています。

また、「どうやって洗濯をするか」は、「どれくらいの頻度で洗濯をするか」や「何を着るか」と連動しています。洗濯機を使わなくなると、服を洗うのが大仕事になるので、服を安易に洗濯に回さなくなります。洗った服を絞る大変さをふまえて、着る服を考えるようになります。

◆核心としての「冷蔵庫なし」

物事は互いに連動していますが、結びつきの具合はさまざまです。連動の「糸」が多いものもあれば、そうでもないものもあります。たとえば、掃除機の連動性は弱いように思います。掃除機をやめて箒《ほうき》を手にしても、掃除道具が変わるだけです。波及効果は小さい気がします。

一方で、冷蔵庫の連動性は強力です。家から冷蔵庫が消えると、多くの人は食生活を変えることになるでしょう。冷凍食品は利用しにくくなりますし、（よほど寒い土地でない限り）アイスクリームを家に置いておくこともできません。鶏肉や豚肉や牛肉を生のままで保存しておくことも難しくなり、肉を食べる回数が減るかもしれません。魚や海老や蛸や貝を料理することも、（特に夏場は）簡単ではなくなります。牛乳やヨーグルトを買い込んでおくことも考え直すかもしれません。冷蔵庫を使わないようにするだけで、ベジタリアンに少し近づき、人間の身体と地球の環境にとって望ましい食生活に向かいそうです。

それから、意外に思われるかもしれませんが、冷蔵庫をなくすと食品ロスが減ります。検証データは手元にないものの、そういう実感をもっています。冷蔵庫があると、「冷蔵庫に入れておけばいいや」という甘えが生まれるのです。そして、冷蔵庫に入れたまま食べものの存在を忘れ去ってしまいます。ところが、冷蔵庫がなければ、ほどよい緊張感が生まれます。短期間で食べきれるだけのものを用意し、それを食べて暮らします。また、冷蔵庫の中に食べものを閉じ込めないので、近いうちに食べるべきものを目につくところに置くことになります。だから、食べものを腐らせることはほとんどありません。「冷蔵庫なし」よりも「冷蔵庫あり」のほうが、食べものは腐りやすいのです。

環境負荷の小さい生活、持続可能性の高い生活をめざす取り組みは、何から始めなければならないというものではありません。けれども、あえて優先順位を考えるとすれば、私は「冷蔵庫なし」を強く推します。

冷蔵庫をなくせば、電力消費が減り、電気代も減ります。冷蔵庫の製造と廃棄にともなう環境負荷も抑えられます。冷蔵庫の運転音が気になることもありません。

◆家の大改造が必要？

始めにくい取り組みは、家の構造と連動するようなものです。

ロケットストーブや薪ストーブに頼る生活を卒業し、「懐かしい未来」に向けての歩みを先に進めようと思うと、家の大規模改修が必要になりそうです。私たち夫婦は、竈《かまど》や囲炉裏《いろり》のある家を夢見ています。

竈が欲しいと思うのは、ガスレンジをなくしたいからでもありますが、春から秋にかけての炊飯に使っているロケットストーブに問題を感じるからでもあります。我が家の手作りロケットストーブは、廃材（木）を主な燃料にしているものの、本体が石や木でできているわけではありません。核になる部品は、金属で作られた工業製品です。高い頻度でロケットストーブを使うと、傷みが激しく、数か月に1回は部品を交換しなければなりません。

冬の暮らしを支えてくれている薪ストーブも、大量の鉄で作られた工業製品です。故障したら、自分たちだけでは修理できません。ガラス扉に付いている部品は、ときどき交換することになります。我が家の薪ストーブは、真に持続可能なものではなさそうです。

そう考え始めると、竈や囲炉裏への憧れがふくらみます。けれども、とにかく竈や囲炉裏をこしらえればよいという簡単な話ではありません。煙を家の外に出す仕組みを整えなければなりません。間取りを見直し、家の中に土間を設けることにもなるでしょう。一大事業です。

家の構造は、暮らし方を左右します。太陽光パネルとエアコンと断熱材と換気装置に頼る「現代的な未来」の家をめざすのか、味わい深い建具の活きる「懐かしい未来」の家をめざすのか――よく考えたいところです。

3　遥かなる自給自足

◆鉄と塩

山里に住んで畑づくりを始めたことを人に話すと、「自給自足の生活ですか？」と聞かれることがあります。

とんでもございません。我が家の暮らしは、自給自足には程遠いものです。自分たちの力量も足りていませんが、田畑もまるで足りていません。家の横の畑にしても、私たちは「畑」と呼んでいますが、とても狭い、ささやかなものです。「家庭菜園」と言ったほうが正確なのでしょう。自分の家で食べるぶんの野菜を収穫できるかどうかも怪しいもので、ほとんどの野菜は買っているのが現状です。米づくりは、挑戦さえできていません。

それでは、土地不足を何とかしたら、私たちは自給自足の生活ができるでしょうか——そうは思えません。

まず、野菜の種や苗に目を向けてみましょう。どこかで購入してきた種を畑に播き、そこから育った野菜を収穫したとして、野菜を自給したと言えるのでしょうか。根っこのところを種会社に依存しているのかもしれません。

それから、道具のことも考えなければなりません。我が家の荒れた土地を畑に戻すために、私は鍬《くわ》で笹の根を取り除きました。野菜の栽培を始めるにあたっては、鎌《かま》を使って草を刈り、草で畑の土を覆いました（草マルチです）。鍬や鎌という農具があってこそ、畑の世話をすることができます。そして、それらの農具は自作したものではありません。誰かが作ってくれた農具です。そういう農具を用いて野菜を手に入れたとして、野菜を自給していると言えるのでしょうか。私は自信がもてません。

畑の柵づくりについても同じです。柵に使う竹を切るのには、鋸《のこぎり》を使います。竹と支柱を結ぶシュロ縄を適当な長さに切るときには、鋏《はさみ》を用いました。金属の道具が供給される仕組みがあることで、柵づくりができるのです。

私たちは、「かねへん」の漢字で表現される道具に頼って暮らしています。

毎日のように使っているものとしては、鍋があります。自分たちの畑で野菜を収穫できても、鍋がないと、芋や大根の入った味噌汁を作るのは難しくなります。

ロケットストーブや薪ボイラーで燃やす木片を準備するときには、鉈《なた》を使います。竹の枝葉を払うときにも、鉈を用います。

薪棚には、釘を使っています。釘を使わずに木を組んで薪棚を作れるとよいのですが、自分たちの技が未熟なので、釘に頼っています。その釘は、ホームセンターで買っています。自給できていません。

一つずつ考えていくと、自給が困難な道具に支えられて私たちの生活が成り立っていることがよくわかります。

道具の自給という問題を脇に置いたとしても、自給自足は簡単なことではありません。

京都の山里に住みながら昆布を自給することはできません。畑で大豆を育てることはできても、にがりを畑で収穫することはできないので、豆腐づくりは難しそうです。おいしい日本酒を自分たちで醸すのも、手強い課題です。

もちろん、昆布や豆腐を食べなくても、お酒を飲まなくても、暮らせないことはありません（お酒がないのは寂しいですが……）。ただ、塩がないと、日々の食生活が格段に苦しくなりそうです。今のような生活をするなかで、私は塩の重要性を痛感するようになりました。茄子《なす》や胡瓜《きゅうり》や大根を漬物にするのにも、塩を使います。また、塩が味付けの要になります。砂糖を避け、外国産の胡椒を控え、「だしの素」や「スープの素」を使わず、市販の調味料もほとんど家に置かないからです。味噌や醤油はよく使いますが、味噌や醤油は塩が元になっています。塩分さえ摂れていれば「塩なし」でも生きてはいけるかもしれませんが、「塩なし」の暮らしは味気なさそうです。

完全な自給自足への道のりは果てしなく長いように思います。

◆人はパンのみにて生きるにあらず

世間で「自給自足」が語られるときには、多くの場合に「食料の自給」が意識されていることでしょう。

しかし、人間の暮らしは、食べものさえあれば成り立つというものではありません。食べることだけを考えてみても、穀物や野菜を実際に食べるためには、包丁やまな板が欲しいところですし、煮炊きのための道具が必要です。うまい具合に食べようと思うと、お皿や茶碗や汁椀、箸やフォークやスプーンを使うことになります。

食べものの自給自足を越えて、生活全体を自給自足にするためには、「衣料の自給」も求められます。人間は、驚くほど弱い生きものです。我が家のニワトリなら、自前の羽毛で体をふくらませて、真冬でも裸（?）で生きていけます。それなのに、私は、布団を何枚もかけて眠り、服を何重にも着て出かけるのです。

そして、着るものを手に入れようと思うと、土地が要ります。環境負荷の観点から化学繊維を避け、「動物の権利」の観点から革や絹を避けるとすれば、綿や麻などの植物に頼ることになるからです。本来は、食べるための畑だけでなく、着るための畑が必要です。

真に持続可能なかたちで「燃料の自給」を達成するのにも、土地が欠かせません。持続可能な薪をもたらしてくれるのは、持続可能な森林です。

我が家の場合、薪ストーブや薪ボイラーやロケットストーブを使っています。暖房、調理、入浴のために、大量の薪を用意しなければなりません。むやみに樹木を伐採せずに薪を確保するためには、広い土地が要ります。[*6]

化石燃料は持続可能なものではありませんし、現在の太陽光発電や風力発電も真に持続可能なものではなさそうなので、森林こそが「燃料の自給」の要《かなめ》になります。

さらに言えば、「材料の自給」にとっても、豊かな森林が重要です。あれやこれやのプラスチック製品を使い続けるわけにはいきません。金属も、気軽に使うべきものではないはずです。石や砂にしても、無限に手に入る資源ではありません。石や砂では作りにくい道具もあります。建物や道具の材料は、主には植物に頼るしかないように思います。

そうだとすると、建物や道具の材料を得るためにも、やはり土地が必要なのではないでしょうか。

◆都市には無理がある

畑づくりを始め、薪を使いながら暮らすようになって強く感じるのは、「家族4人が暮らしていくためには、かなり広い土地が必要だ」ということです。食べもののための田畑だけでなく、糸や紐や布のための畑、畑のための草刈り場、薪や木材を与えてくれる森林などが要ります。どれだけの土地が必要なのか、厳密なところが私にはわからないのですが、とにかく広い土地が要るように思います。

狭い土地に多くの人が集まって暮らすというのは、基本的には無理のあることです。それでも都市生活が成り立っているように見えるのは、必要であるはずの土地を別のところに借りているような状態、空間や時間を越えて別の土地から資源を奪っているような状態だからでしょう。

石炭・石油・天然ガスを燃料にしたり、石油を服の原料にしたり、天然ガスからできた化学肥料を使って食料を得たりするのは、土地が抱えてきた何億年もの蓄積を急速に取り崩す行為です。

また、日本で売られている服や下着は、ほとんどが外国製です。日本で使われる木材は、半分以上が外国から輸入されています。日本の食料自給率は、40%を下回っています。海外の土地に深く依存することで、日本に住む人の生活が維持されているのです。

そうした現状を改め、真に持続可能な社会をつくろうと思えば、身近な土地を大切にし、土地の恵みで暮らさなければなりません。

人が密集する都市は、真に持続可能な社会になじみません（学生や教職員が密集する大学も、社会の持続可能性とは相性が悪そうです）。

２０２０年度の食料自給率を都道府県別に見ると、東京都は０%です。大阪府は１%、神奈川県は２%で、大都市部の食料自給率は恐ろしいほど低くなっています。食べもののことに目を向けても、都市の脆さは際立っています。

生活に必要なものが何とか都市に供給されたとしても、都市が都市である限り、食料・衣料・燃料・材料の地産地消には限界があります。生産地と消費地が離れてしまうと、資源の循環は難しくなります。どうにか循環させようとすると、輸送のためのエネルギーが膨大になるでしょう。

自給自足できる都市があり得るのか。真に持続可能な都市があり得るのか。私は疑問に思っています。

4　地元を中心にした暮らし

◆地元の人との交流

私たち家族と地元の方々との関わりについて、第Ⅰ部では多くを書いていません。家族以外の人を（勝手に）登場させることへの遠慮がありました。けれども、実際には、私たち家族は地域のなかで多くの人と交流をもちながら暮らしています。

今の土地で暮らすようになってから、お客さんが家に来ることが増え、同時に、私たちが家に上がらせてもらうことも増えました。

誰かの家にお邪魔するのは楽しいものです。ＤＩＹで塗られた壁の出来栄えに見とれたり、出してもらった緑茶のおいしさに驚いたり、充実した庭や家庭菜園をうらやましく眺めたり、昔ながらの家の造りに恐れ入ったりと、おもしろい経験をします。

家でおしゃべりを楽しむのも、ぜいたくな過ごし方です。たわいないことから、少しまじめなことまで、話題は尽きません。地元に長く住んでいる方の話を聞くと、地域の歴史や文化や人間関係について、理解が深まったりもします。

個人的な交流のほかにも、地域の人が集まる機会があります。子どもも大人も参加する「学区民運動会」は、地域の一大イベントです。神社が舞台になる伝統的な祭りも大事なものですし、音楽を聴かせてもらえる現代的な「まつり」があったりもします。

小さなグループでの活動もあって、地元の古文書を読む集まりや、みんなで布草履を作ったりする会などが開かれています。何組かの親子で、山に登ったり、そうめん流しをしたり、餅つきをしたり、雪遊びをしたり、ということもあります。

日常生活のなかでは、「おすそわけ」が頻繁です。野菜を育てている人が多く、近所の方が白菜や大根を届けてくれます。焼き芋を持ってきてもらったときには、子どもたちが大喜びでした。手作りのこんにゃくや梅干しを分けてくれる人もいます。いただき物が重なると、すぐには食べきれないくらいの果物が家の棚に並んだりします。

私たちのほうから「おすそわけ」をするときもあります。小さな畑を始めたばかりの我が家で収穫できるものは少ないのですが、親戚から送られてきたミカンや、自家製の糠漬けを持っていったりします。我が家のニワトリが卵を産むようになると、最初の1個は自分たちで炒り卵にして食べましたが、2個目からは日頃お世話になっている方に届けて回りました。

私たちは、何かと人のお世話になりながら暮らしています。我が家がヒヨコを引き取りに行くときには、バスや電車では行きにくいところだったので、親しくしている方に車を出してもらいました。どうしても私や妻の都合が悪いときに子どもたちを預かってくれる人もいます。造園の仕事をしている保護者仲間には、庭の木のことで相談をさせてもらいました。

助けてくれる人が身近にいるということ自体に、何より支えられているようにも思います。愚痴を聞いてくれる人が近くにいるのも、ありがたいことです。

◆規模の問題

地元の人たちと交わるなかで、地域のまとまりが小規模であることの重要性を実感するようになりました。

私たち家族が住んでいる集落を考えても、こじんまりした集落なので、路線バスの減便計画が出されると、すぐに全世帯で集まって話し合うことができます。いざというときの防災について相談するにしても、みんなで意見や提案を出し合えます。

また、互いのことが比較的よくわかるので、何かと柔軟に動けます。「これは〇〇さんに相談してみよう」「この話は〇〇さんに伝えておいたほうがいい」というふうに、個別の状況をふまえて考えられます。町内会の「役」を決めるときも、機械的に割り振ることにはなりません。「〇〇さんは、夜の集まりに出ていくのはしんどいよね」などと言いながら、無理のないかたちを探れます。

子どもたちが通う学校についても、小規模であることの魅力を感じています。

一学年が10人程度という学校なので、学年が違っても子どもたちは互いのことを知っています。保護者の立場でも、学校が小規模だと、学校全体の子どもたちの顔がわかるようになってきます（全校児童が３００人を超える小学校では、自分の子どもの同級生も覚えきれませんでした）。

顔がわかるというのは、大事なことだと思います。物事の受けとめ方も変わってきます。「不登校の子が○人いる」といった見方ではなく、「○○ちゃん、最近あまり来てないみたいね」という見方になります。そういう見方をしたからといって急に何かが変わるわけではないのですが、子どもたちのことを大人が親身に考えられる雰囲気は大切だと思います。

もちろん、小規模な学校ならではの制約があることは否めません。サッカーのチームは作りにくく、部活動の種類は少ないです。また、教師の目が届きやすい環境は、子どもたちが教師の目を盗みにくい環境でもあるので、授業中に「内職」をすることは難しいでしょう。子どもたちどうしの人間関係にも、窮屈な面はあるかもしれません。

それでも、学校や学級が小規模であることの良さはあると思います。保護者どうしの関係のもち方も、大規模な学校とは違ってくる気がします。

何かにつけ、規模というのは、もっと重視されるべき問題だと思います。たとえば、5人でするような話し合いは、50人ではできません。50人でできる議論も、500人では無理でしょう。小さな組織で可能だからといって、同じことが大きな組織にできるとは限りません。

大きなまとまりは必要ない、大きなまとまりには問題がある、ということではありません。ただ、100人を超えるような組織で全員が自由に意見を出し合えるかというと、現実には限界があるように思います。たくさんの人が集まっている地域では、互いのことをよく理解し合うのが難しそうです。そういう傾向は、視野に入れておくべきでしょう。

◆町内会は古いのか

小規模な地域組織の重要性を考えるようにもなりました。

私が住んでいる地域の町内会や自治連合会は、清掃活動や防災訓練に取り組んだり、芋掘り大会を開催して地域住民の交流を進めたり、行政への要望の取りまとめを行ったりしています。また、学校を守り、地域社会を維持するため、移住希望者に空き家の情報を届けています。

町内会や自治連合会を美化するつもりはありません。違和感を覚える点はあります。たとえば、会議の場に参加するのは男性が多いですし、役員もほとんどが男性です。集落の集まりも、「家長」が参加するという雰囲気があり、男性のいない世帯からは参加がないこともあります。

けれども、地域に何か課題が生じたときには、町内会や自治連合会の存在が支えになり得ます。スクラップヤードの公害問題にしても、路線バスの減便問題にしても、町内会や自治連合会がなければ、個人や有志で業者や役所を相手にしなければなりません。

学校の保護者の組織についても、同じような感覚を抱いています。保護者の声をまとめられるような組織は大切だと思います。

もちろん、一般的に言って、今のＰＴＡに問題がないとは思いません。家庭の事情におかまいなしに「役」が回ってきたりします。合唱（コーラス）に参加しないといけない、「ママさんバレー」に関わらないといけない、といった強面《こわもて》の文化については見直しが求められるでしょう。

一方で、保護者の組織がきちんと機能していれば、通学を支える路線バスが減便される、学校給食の調理業務が民間委託されるといった場合に、子どもや保護者の立場で動くことができます。学校をより良いものにするために、役割を担うことができます。

ＰＴＡでなくてもよいのですが、保護者どうしを結ぶ仕組みは大事にしたいものです。

◆土地に根を下ろす

住む人どうしの結びつきを豊かにしながら、自分たちの地域を守り育んでいきたい。そういう思いを、移住して以降に自覚するようになりました。以前の暮らしのなかでは乏しかった感覚です。

私自身は、新興住宅地で子ども時代を過ごしました。両親がたまたま行き着いただけのところです。地元に深く根づいてはいない家庭で、私は育ちました。仕事などに応じて住む場所を決め、事情によって住む場所を変えていくのが当たり前のような感じがしていました。

ところが、古民家を譲り受け、畑とともにある生活をめざすようになると、意識が変わっていきます。世話をするようになった畑を投げ出すわけにはいきません。手を入れた家を引き継いでいきたいとも思います。

引き継ぐ相手は自分たちの子どもでなくてもよいのですが、円滑に引き継ぐためには引き継ぎ期間が必要になる気がします。しばらくは、引き継ぐ相手と自分たちとがいっしょに暮らすことになりそうです。そうなると、引き継ぎ相手の候補として、自分たちの子どもを思い浮かべてしまいます。

我が家の子どもたちには申し訳ないのですが、私と妻だけでは今の生活を続けていけないという思いもあります。歳を重ね、体が弱くなると、薪づくりが難しくなりそうです。自転車で買い物に行けなくなる可能性もあります。日々の生活に介護が必要になるかもしれません。

しかも、私か妻の片方が世を去ったからといって、残された側の食事の支度が不要になるわけではありません。暖房に使う薪の量が大幅に減るわけでもありません。家を回していくための仕事の量は、住む人の数に正比例はしません。そうしたことを考えても、次の世代とともに暮らす引き継ぎ期間が欲しい気がします。

古めかしい発想だと自分でも思いますが、同じ土地で代々にわたって暮らしていくというのは、理にかなっている面があります。地元の地域を守り育み、家や田畑を引き継ぎながら世代継承を重ねていく営みは、真に持続可能な社会の基盤です。

環境負荷のことを考えても、何世代かでいっしょに暮らすことには利点がありそうです。たとえば、部屋を暖めるために燃やす薪の量は、家に1人でいるときも、家族4人でいるときと同じです（熱を発散する子どもたちがいるときのほうが、薪を節約できるかもしれません）。一人暮らしを悪く言うつもりはないのですが、一人あたりの環境負荷や労力に思いを巡らせると、何人かで集まって暮らすことに魅力を感じます。

特定の暮らし方を他人に押しつけようとは思いません。押しつけるべきではないと思います。ただ、真に持続可能な生活を追求していくと、「なるべく何人かでいっしょに暮らせるとよい」という考えにたどり着くのです。

5　移住の理由

◆山里に移り住むまで

私たち夫婦が山里への移住に向けて具体的に動き始めたのは2020年のことでしたが、田畑とともにある生活をしたいという思いは前からもっていました。

私は、遠くないうちに日本の社会が食料危機に陥る可能性が高いと考えていました(今もそう考えています)。できるだけ食べものの近くで暮らしたほうが少しは安心だろうという感覚がありました。

現代社会が抱える課題を勉強するなかで、土地の重要性を認識するようになっていました。危機に直面したとき、お金の役割も大きいのかもしれませんが、お金を食べて生きていくことはできません。私たちを根元のところで支えてくれるのは、私たちの足元にある大地です。

そうは言っても、生活の場を移すのは簡単なことではありません。私たち夫婦にはそれぞれの職場がありました。子どもは保育所に通っていました。仕事のことも考えなければならず、子どもの生活環境を変えることへのためらいもありました。

けれども、我が家の状況が少しずつ変化していきます。子どもたちは大きくなり、学校に通い始めました。妻は、2018年にフルタイムの仕事を離れ、近くの貸農園で野菜を育てるようになりました(今の暮らしに向けての大事な助走だったと感じています)。

私が本格的に移住を考えるようになった背景には、気候変動の問題があります。私は、10年くらい前から、気候変動に対する危機感を強めてきました。

2015年に安全保障関連法案(戦争法案)に反対する運動が広がったとき、「気候変動については、どうして大きな社会運動が起きないのだろう。人間社会と生態系の未来を左右する巨大な脅威なのに……」というモヤモヤを感じました。

その後、教職員組合の集まりなどで気候変動の問題を訴えたりするようになりましたが、反応が乏しくて落ち込む経験を重ねました。また、気候変動対策を求めるデモ(マーチ)に京都で参加し、集まる人の少なさに衝撃を受けました。気候変動対策が「再エネ推進」に矮小化される傾向にも、疑問と不安を抱くようになりました。

そうしたなかで、気候変動の問題に正面から取り組むことを決意しました。2020年1月のことです。「自分の専門は障害児教育だから……」とは言っていられないと思いました。気候危機を何とかしない限り、障害のある子どもにも、障害のない子どもにも、そして私たち自身にも、まともな未来はありません。

気候変動について集中的に勉強するようになると、危機感はふくらむ一方でした。夫婦で話し合い、私たちは移住を決断しました。

田畑のある土地に移ることを決めたものの、どうやって移住を実現していけばよいのか、私たちは手さぐりの状態でした。

まず、田舎への移住を促している京都府のホームページを見て、「京都移住コンシェルジュ」に相談をしました。新型コロナウイルスが活発な時期だったので、オンラインでの相談でした。

それから、地図を開いて良さそうな場所を探したり、インターネットで空き家の情報を調べたりしました。電車に乗って出かけるときには、「このあたりで暮らすのはどうかな？」という目で風景を眺めました。候補地を実際に訪れ、自転車で回ったこともあります。

私が職場を変えるのは簡単ではないので、京都教育大学（京都市伏見区）に通勤が可能な範囲で移住先を考えることにしました。クルマを使うことは選択肢にないため、公共交通機関で通えることが条件でした。片道１時間半くらいが、「通える」という距離の上限になるように思いました。

次に、家の近くに畑がもてることが重要でした。田畑が広がっている地域は京都市近辺でも珍しくないのですが、田畑の地域と住宅の地域とが別々になっているところが少なくありません。クルマを使わない我が家は、そういう土地で畑の世話をするのが難しそうです。家と畑の距離が近いのが理想でした。

また、地球温暖化が進行することになるので、なるべく涼しい地域に住みたいと思いました。平地よりも、少し標高の高い山間地がよい気がしました。

そんなことを考え、あれこれ模索していたところ、2021年の春になって、今の家に巡り会うことができました。幸運でした。およそ1年かけて手続や改修を進め、2022年の3月に移住を実現しました。

◆危機に備える

移住について、私と妻の思いは基本的に一致していました。けれども、重心の位置には差があったかもしれません。畑の土に触れる暮らしがしたいという気持ちは、妻のほうが強かったように思います。私のほうは、迫る危機に備えるという意識を強くもっていました。

地域全体として食べものを自給できるところに住みたいと思いました。危機のもとでも何とか生活していける地域で暮らしたいと思いました。

ところが、引っ越そうとしていることを父に電話で話したら、「いいね」とは言ってもらえませんでした。職場の近くを離れ、わざわざ「まち」から山里へ移り住むというのは、父には理解しがたい話だったようです。父の家から私たちが遠ざかることへの不安や不満もあったのかもしれませんが、とにかく転居に反対されました。

私は、移住を考えた理由を父に説明し、「生活の基盤のあるところに住みたい」と口にしました。父は、「生活の基盤というのは何だ?」と問いました。私は、とっさに、「土と水」と答えました。答えてから、「そうだよなあ」と思いました。私たちの暮らしの根源にあるのは、土と水です。

畑にできる土地が家の隣にあり、川が近くを流れている今の場所は、かなり理想に近い環境でした。

◆井戸復活計画

電気やガスに依存しない暮らしは、環境負荷を小さくするだけでなく、非常事態に対する抵抗力を高めることにもなります。

我が家の場合、普段から電気をあまり使っていないので、停電はそれほど怖くありません（実際のところ、停電に気づかないことさえあります）。停電すると部屋の照明が使えなくなりますが、コードレスで使える卓上ライトや懐中電灯があるので、しばらくは大丈夫です（ろうそくを灯してもよいでしょう）。妻のスマホが使えないと情報入手や連絡には不安がありますが、当面の生活には困りません。

災害でガスが使えなくなっても、家が無事なら、ロケットストーブや薪ストーブで調理ができそうです。また、太陽熱温水器や薪ボイラーがあるので、水を得られれば、被災してからもお風呂に入れるかもしれません。

ただ、水については、水道が止まってしまうと、なかなか大変です。近くに川が流れていますが、家のある土地との間には5メートル以上の高さがあります。洪水にならない安心感はあるのですが、川の水を手軽に使うことはできません。

川の水質も気になるので、水道とも川とも別のところで水を確保したいと思いました。畑の関係で使う水のことを考えても、やはり井戸が欲しいところです。

今の家は、もともと井戸があり、ポンプも設置されていました。家の外壁には、井戸水が出るはずの蛇口が2つ付いています。私と妻は、井戸を再生させようと思いました。

京都の井戸業者を調べてみると、私の職場の近くに拠点をもつ井戸業者が見つかりました。京都市内の伏見は、かつて「伏水」とも書かれていたように、地下水が豊かな地域です（その地下水が北陸新幹線延伸計画によって脅かされています）。そのため、多くの酒蔵があるのと同時に、いくつかの井戸業者があるようでした。

井戸業者に連絡をとって現場を見てもらうと、元の井戸は老朽化で使えないことが判明したため、改めて「打ち込み井戸」をつくることになりました。地面に打ち込んだ鉄のパイプに水を集める井戸です。

私は、井戸というと、祖父母の家にあったような丸井戸を思い描いていました。三角の布を頭に付けた幽霊が出てきそうな井戸です。ところが、提案されたのは打ち込み井戸でした。土の中に鉄のパイプを埋め込むと聞いて、そんなことをしてよいのかどうか、抵抗感もあったのですが、井戸水を確保することを優先してしまいました。

工事の日には、夫婦そろって、どきどきしながら作業を見守りました。大きな音のする機械の力で、長いパイプが少しずつ地中に押し込まれていきます。ところが、2メートル50センチほど埋まったところで、パイプが進まなくなりました。奥に入っていかないのです。最後にはパイプの先が曲がってしまい、井戸の開設は失敗に終わりました。

井戸工事は、温泉を掘り当てるのに似ています。うまくいかなくても、1回（1日）で15万円ほどの工事費用が発生します。水は出なくても大金は出ていくのです。

再挑戦については悩みましたが、意を決して2回目の工事を依頼しました。ところが、結果は同じで、パイプを打ち込む場所を何度か変えてみても、やはり2メートル50センチくらい入ったところでパイプの先端が止まってしまいます。深さ2メートル50センチのあたりに、何か固いものがあるようでした。

しっかりした岩盤の上に家が建っているらしいことを考えると、なんだか安心な気もしました。けれども、井戸を復活させることができず、悲しい思いでした。

◆山里の防災

家に井戸をつくる計画は頓挫《とんざ》したのですが、我が家は「ポツンと一軒家」ではありません。私たち家族は、集落に住み、近所の人とともに暮らしています。非常事態への備えを自分の家だけで完結させなくてもよいのです。助け合いが肝心です。

町内で防災についての話し合いがもたれたとき、私は心強い気持ちになりました。集落には、山から水を引いている家もあり、井戸がある家もありました。発電機があるという家も、一軒だけではありませんでした。「燃やせるものはいろいろあるから、お湯を沸かしたりはできる」という発言も出ていました。さしあたり必要なものが、集落内にあるのです。

私たちの町内では、道路が断たれて集落が孤立することを想定して話し合いが行われました。避難所に設定されている学校や寺は、集落から2キロメートルほど離れています。災害時に避難所にたどり着けるとは限りません。「3日くらいは自分たちで何とかできるようにしよう」という感覚が共有されています。

行政に対する信頼感は薄いようです。「自分たちのところは、どうせ後回しにされる」という意識があります。山に囲まれた地域のなかでも特に周辺部に位置する集落では、住民どうしの助け合いが大切な支えになるのでしょう。

本来は行政もしっかりと役割を果たすべきですが、いずれにしても、食べものや水や燃料が身近にあるのは頼もしい限りです。「まち」では望みにくい環境です。山里は、都市にはない強みをもっています。

6　人間中心主義を超えて

◆環境面で持続可能ならよいのか

我が家の暮らしの土台には、生きものを大切にしたいという思いがあります。生きものを傷つけたり殺したりするのは、なるべく避けたいのです。

一方で、「田舎暮らし」や「自給自足」については、狩猟の話が登場する場合も少なくありません。鶏を飼って卵や肉を手に入れる営みが魅力的に描かれたりもします。

たしかに、野生動物の狩猟は、食べものの自給を実現する手立てになり得ます。鶏を庭で育てて糞を畑に用いることは、物質の循環という点では悪くなさそうです。小規模な狩猟や養鶏は、やり方が工夫されていれば、環境面では持続可能なようにも思えます。

しかし、狩猟や養鶏は、倫理的には持続不可能かもしれません。動物を殺さなくても人間が生きていけるとき、人間が動物を殺すことは正当化されるべきでしょうか。動物を何かの手段として人間のために利用することは、歴史の流れのなかで過去のものになる可能性があります。[*7]

私は、ニワトリと暮らすことについて、葛藤を抱えています。

もちろん、卵や肉のためにニワトリを虐げたりはしません。チャボがどんどん増えては困りますし、卵は食べるしかないのですが、卵のためにチャボたちを養っているのではありません。肉を食べたくてチャボを飼っているわけでもないので、「おいしい」のために彼女らの命を奪うことはありません。

それでも、ニワトリとの暮らしに問題がないとは思えません。我が家のチャボたちは、親鳥に抱かれて生まれてきたのではありません。孵卵器《ふらんき》で生まれ、親から引き離されて育ちました。大きくなってからも、彼女らの生活は私たち家族の都合に左右されます。私たちが外出するときには、昼間でもチャボたちを庭の小屋に入れていくのです。いつ小屋に入れられるのか、いつ小屋から出してもらえるのか、チャボたちは見通しをもてないと思います。彼女らにとっての良い環境を願って精一杯の努力をしたとしても、チャボたちの自由を十分に保障することはできません。

私は、チャボたちの愛らしさにほだされながらも、家でニワトリを飼うのが善いことだとは考えていません。

◆ビーガニズムへの接近

気候変動の問題を学ぶなかで、人間以外の動物のことをまじめに考えるようになりました。温室効果ガスの巨大な排出源になっている畜産に関心を向け、牛や豚や鶏の悲惨な境遇を知りました。そして、動物をめぐる問題そのものに重要性を感じるようになりました。[*8] 環境危機を解決する手段として「動物の権利」を守るというのではなく、「動物の権利」を守ること自体を目的にする必要があると思いました。

自分が専門にしている障害児教育や障害者問題との関係でも、「動物の権利」について深く考えるようになってきました。[*9] 障害者に対する強制不妊手術との関係性を意識しながら、犬や猫の不妊・去勢手術の問題を検討しました。[*10] また、障害者を排除しようとする優生思想に抗う立場から、犬や猫を選択的に繁殖させるブリーディングに批判を向けました。[*11]

言語や道具を操る能力が概して高いからといって、それを理由に人間を特別視し、人間以外の動物を軽んじるのだとすれば、それは能力差別ではないでしょうか（鶏は私よりも飛翔能力が高いし、鹿は私よりも跳躍能力が高いのですが……）。そういう能力差別がまかり通るようなら、能力が低いとみなされがちな障害者は、とても不利な立場に置かれてしまいます。

動物が「障害」とも言えるような生きづらさを抱えさせられていることについても、無関心ではいけないと思いました。脚に痛みを抱える鶏、乳房炎に苦しむ牛、精神的ストレスのために「異常行動」を繰り返す豚、品種改変によって呼吸が困難になっている犬のことを、もっと考えなければなりません。遊びまわる自由を奪われた動物、狭いところに閉じ込められた動物、家族や仲間と引き離された動物に、思いを寄せる必要があります。

私は、ビーガニズムを大切にしたいと考えるようになりました。ビーガニズムというのは、単に肉・魚・乳・卵を食べないというだけのことではありません。革のバッグを使わない、羽毛の入ったジェケットを着ない、羊毛の絨毯《じゅうたん》を敷かない――それだけのことでもありません。動物実験が背後にある化粧品を使わない、ペットショップで動物を購入しない、動物園や水族館に行かない――それだけのことでもありません。ビーガニズムは、動物の搾取をなくしていこうとする思想と実践の総体です。

◆現在の学問への疑問

ビーガニズムに近づくことで、学問の世界にも歪みを感じるようになりました。人間以外の動物が軽視されていると思うのです。動物の境遇への関心そのものが低調ですし、動物を研究対象にしている学問が動物を大切にしているとも限りません。実験に利用されて殺される動物も少なくありません。動物擁護論に否定的な研究者もいます。*12

私が身を置いている教育学の世界でも、動物への共感や動物との連帯は置き去りにされてきました。保育園や学校での動物飼育の意義が語られるとき、檻のなかで過ごすウサギの気持ち、狭い水槽に入れられたカメの思いは、どれほど考えられていたでしょうか。ウサギやカメへの共感は、子どもたちや教育学者のなかに育まれてきたのでしょうか。

学校では、毎日のように給食で牛乳が出され、肉や魚や卵のような「赤の食品」を食べるように指導されます。工場畜産に利用される牛や豚や鶏の惨状は、学校の授業ではほとんど学ぶことができません。これまでの教育学は、それらを当たり前のこととして見過ごしてきました。

子どもの権利について議論する研究者は、人間以外の動物の子どもの権利をどう考えているのでしょうか。

生後6か月ほどで屠殺される運命にある豚は、成熟していない「子ども」です。生まれて2か月も経たないうちに屠殺される鶏は、「赤ちゃん」か「幼児」でしょう。そういう「子ども」が、親と引き離されて過酷な環境に置かれ、行動の自由を奪われ、健康を脅かされ、最後に殺されているのです。

子どもの権利条約で確認されている権利のほとんどが、家畜として飼育される「子ども」には保障されていません。それでよいのでしょうか。「豚だから」「鶏だから」「人間とは違うから」ですませるのは、生物種を理由とする差別（種差別）なのではないでしょうか。

以前は、私自身が動物のことを真剣に考えていませんでした。10年くらい前から、肉を多く食べるべきではないという意識をもつようになり、肉を食べる量を減らすようになりましたが、「特別な日」を理由に（口実に？）肉を買って食べたりしていました。
後悔を抱えながら、これからは「動物の権利」を大切にする学問を築いていきたいと考えています。

◆環境保護論への疑問

動物をめぐる問題に向き合うようになると、現在の環境保護論の歪みにも気づきやすくなります。たとえば、気候変動をめぐる日本での議論は、気候変動対策を「省エネ・再エネの推進」に矮小化する傾向があります。温室効果ガスの排出源を隈なく見る視点が弱く、畜産が巨大な排出源になっていることはあまり強調されません。「畜産業界への忖度《そんたく》があるのだろうか」「精肉店や焼肉店の仕事をしている人への遠慮があるのだろうか」と疑ってしまうほどです。

火力発電所で働く人がいるからといって、化石燃料を使い続けてよいわけではありません。それと同じで、畜産関係の仕事で生計を立てている人がいるからといって、畜産を永続させてよいとは言えません。

それなのに、新聞を見ていても、気候変動対策の重要性が論じられている横で、「今晩のおかず」のコーナーでは豚肉料理が紹介されていたりします。「気候変動対策を急げ」という議論と「畜産を守れ」という主張とが同じページに掲載されていることもあり、支離滅裂な印象を受けます。「地球にやさしい」が必ずしも「動物にやさしい」と結びついていないことも感じさせられます。

昆虫食や培養肉のような「新しい食」への期待も、畜産の環境負荷を抑えたい思いからのものであれ、「動物の権利」という観点からすると疑問を抱かせるものです。

コオロギなどの昆虫の養殖については、従来の畜産がもつ大きな環境負荷を避けられることが利点とされています。しかし、昆虫養殖が広がれば、天文学的な数の昆虫が人間の管理下に置かれ、そのまま命を奪われていきます。それでよいのでしょうか。ベンチャー企業が推進するコオロギ食に期待を寄せるのは、あまりにも軽率ではないでしょうか。

培養肉については、鶏や牛の屠殺をなくしていけることを理由に、動物擁護の立場からの推進論もみられます。けれども、生まれる前の子牛の血清を利用する細胞培養は、牛の犠牲をともないます。また、培養肉は、動物の肉を食べることの肯定を前提にするものですから、動物の身体を食べものとみなす考え方を根本的に覆すものではありません。

さらに言えば、細胞培養には、培養液の用意や温度の管理が求められます。培養肉を製造するためのエネルギーを考えると、培養肉が気候変動対策にどれほど役立つのか、簡単には言えません。そして、昆虫の養殖も、温度管理などのために少なくないエネルギーを必要とします。昆虫食や培養肉の意義は、環境保護の観点から見ても怪しいものです。

◆動物擁護論への疑問

現在の動物擁護論のなかにも、違和感を覚えるものはあります。

私は、「動物性食品を食べなければ問題がない」という考え方には問題があると思っています。現代社会では、野菜や穀物の裏で多くの動物が犠牲になっている場合が多いからです。

野菜や穀物のために農薬が用いられると、多くの動物が被害を受けます。殺虫剤や除草剤の使用は、昆虫の激減や絶滅にも結びついていると考えられています。[*13] 昆虫が生きていけなくなると、昆虫を食べる鳥などの生存もおぼつかなくなるでしょう。

また、野菜や穀物の輸送、加工、保存をめぐる問題もあります。野菜を冷蔵・冷凍して長距離輸送するエネルギーのために化石燃料が使われると、気候変動が進み、結局のところ動物に危害が及びます。外国産の遺伝子組み換え大豆に多くの添加物を加えた大豆ミートは、その環境負荷が動物にもたらす悪影響を考えると、ビーガン食品とは呼べないように思います。

科学技術がもたらした代替品によって動物搾取をなくせばよいという考え方にも、危険性があります。[*14]

革や羊毛や毛皮の代わりに化学繊維を使えばよいというのは、とても短絡的な発想です。化学繊維の使用によってマイクロプラスチック汚染が進むと、動物が被害を受けます。石油を原料として製造される化学繊維は、気候変動にもつながり、動物が暮らす自然環境を脅かします。

自動車が動物の重労働を解消してきたという議論も、やはり一面的なものです。たしかに、自動車が普及するようになって、競馬を別にすれば、馬の酷使は減りました。しかし、その反面、自動車のための道路によって動物たちの生活圏が破壊されています。また、車両にひかれて死亡する「ロードキル」は、動物の種類によっては主要な死因になっているようです。[*15] 馬を解放したかに見える自動車は、(人間を含む)たくさんの動物にとっての脅威になっています。

ビーガニズムの観点に立つなら、動物が暮らす環境を守ることと一体のものとして「動物の権利」を考えるべきだと思います。

7　周辺部から見えるもの

◆ビーガンをめざして

ビーガニズムを大事に考えるようになってから、街の景色が以前とは違って見えるときがあります。焼肉店やステーキ店の前で心がざわつきます。いくつものラーメン店に行き当たることにうんざりします。大手のハンバーガー店に不快感を抱きます(これは以前からですが……)。

スーパーの食料品売り場に肉のパックが並べられているのを見ると、少し気持ちが沈みます。飲食店の広告看板にある肉料理の写真は、攻撃的なものに映ることがあります。ペットショップの横を通ると、やるせない気分になります。

鞄《かばん》を探して街を歩いても、部分的であれ革が使われている鞄が多いことを再認識させられます(「鞄」の文字の成り立ちどおりです)。化学繊維でできた鞄もありますが、それにも問題があると思うので、私にとっての選択肢はとても狭くなります。

自分が街から疎外されているように感じることがあるのです。

日本の社会が肉食主義を中心にしていることを痛感するようになりました。*16 菜食主義は片隅に追いやられています。「多様性の尊重」は、建前でしかありません。

たとえば、喫茶店のモーニングサービスのメニューを眺めてみましょう。ゆで卵が付くAセット、スクランブルエッグが付くBセット、ハムエッグが付くCセットというように、バタートーストと卵料理がセットになる仕組みだったりします。選択肢があるように見えて、ビーガンの人が選べる選択肢はないのです。

喫茶店に限らず、多彩なメニューが書き並べられている飲食店でも、ビーガニズムの観点からすると肉食主義一色に見える場合があります。学校の給食にしても、ベジタリアンやビーガンという社会的マイノリティが尊重される状況にはなっていません（気候危機の時代に牛乳を出し続けるという有様です）。

そういう社会において、ビーガンやビーガニズムは雑な扱いを受けがちです。ビーガンは、「多様性の尊重」の文脈に乗せられてもいない気がします。

ある人は、オンライン会議の場で、「最近、ビーガンが流行《はや》ってますよね〜」と、タピオカドリンクかインフルエンザの話をするように言い放ちました。その後には、ビーガンを小馬鹿にするような発言が続きました。「流行」と言えるほどに、本当にビーガンが急増して市民権を得ていたら、もう少し配慮がされていたかもしれません。けれども、ビーガンが圧倒的マイノリティである日本社会のなかでは、その場に存在していないかのようにビーガンの人が軽んじられることがあります。

２０２２年度の大学入学共通テストでは、国語の問題で、人間に食べられた豚肉の消化過程を描いた文章が使用されました。出題する側は、その文章を読んで嫌な気分になる受験者の存在を想像さえしていないかもしれません。

私の場合は、豚肉の話題で強烈な精神的圧迫を受けることはありませんが、豚肉が消化されていく話が共通テストの問題に登場するのには不快感を抱きます。豚肉を食べるのを当然のことと考える肉食主義を感じさせますし、その肉食主義をより強固にしていくものに思えるからです。また、「豚肉の消化」を誰もが当たり前のこととして受けとめると想定されているらしい点に、社会的マイノリティへの配慮の欠如を見てしまいます。

共通テストの問題は、ベジタリアンやビーガンの存在を尊重したものではなかったように思います。

◆公害被害者になって

少数者が軽んじられることを、スクラップヤード公害の被害者になったことでも感じています。悪質なスクラップヤードの存在は、まだまだ社会のなかで知られていません。私や妻はいろいろな人にスクラップヤードの話をするのですが、「スクラップヤードって何?」という反応が大半です。無理もないことです。私たち自身、公害被害の当事者になるまで、スクラップヤードというものを知りませんでした。

多くの人がスクラップヤードのことを知らず、スクラップヤードの騒音公害を経験している被害者は日本全体でみるとごく少数です。被害者はひどい騒音に苦しめられているのに、(幸か不幸か)人数が少ないため、被害者の声は社会に届きにくいようです。

市役所に行っても、十分に声を受けとめてもらえません。「一か所で問題が発生したからといって、条例による対応は考えられない」と言われてしまいます。その一か所は、私たちにとっては居住の場のすべてなのですが、市役所からすると市内の山中の片隅にすぎないのでしょう。公害被害者の人数がふくれあがらない限り、市役所は重い腰を上げないのかもしれません。被害者が増えることを心配したほうがよいのか、むしろ期待したほうがよいのか、複雑な心境になってしまいます。

そして、そういう理不尽な状況を社会に訴えようにも、マスメディアは簡単には動いてくれません。新聞記者の方に状況を説明し、スクラップヤード公害の取材を依頼しましたが、先方からは音沙汰がありませんでした。また、複数の国会議員に資料を手渡しても、その後には何の反応もなく、詳しい話を聞いてもらうことはできませんでした。与党にせよ野党にせよ、大人数の組織からの要求でなければ対応しにくいのかもしれません。

そんな「ぼやき」を本に書くことができる私は幸運です。世の中には、声を発する機会さえ奪われている人がいます。社会で広く知られることのないまま苦しんでいる人がいます。かすかに届く声、粘り強く伝えてもらえる事実に、私たちは耳や目を向けなければなりません。*17

◆山里に住んで

私たちの知らないこと、社会で知られていないことが、数えきれないほどあります。いくらか知っていても、あまり気に留めていないこともあります。山里に移り住んだことで、そうしたことのいくつかに、私は気づくことになりました。

一つは、小学生の通学にかかる交通費の問題です。我が家の子どもたちは、今の家に引っ越してきてから、路線バスで学校に行くようになりました。現在、片道の運賃は１００円です。行きも帰りもバスに乗って通学すると、小学生１人分の交通費は年間で４万円くらいになります。日本国憲法第26条で「義務教育は、これを無償とする」とされているのに、かなりの金額を保護者が負担しなければならない実態があるのです。しかも、この負担は、特定の地域の家庭だけが背負うのです。憲法違反であるのと同時に、田舎差別なのではないかと思います。

路線バスの減便にも、差別的な面があります。都市の周辺部に住む人が、ひどい扱いを受けています。収益や効率が優先され、住人の暮らしが後回しにされています。しかも、水や電気を止められるのに近い問題なのに、社会では大きな問題として取り上げられません。マスメディアにとっては野球選手の話題のほうが大事なようです。多くの人が強くは意識しないまま、山里を走るバスが切り捨てられていきます。

住む人の少ない地域で減らされているのは、バスの便数だけではありません。学校の統廃合も進められてきています。住んでいる地域の小学校や中学校がなくなることの重大性を、今の土地に来てから私は肌身で感じるようになりました。学校がなくなると、子どものいる世帯は、その地域に住むのを避けるかもしれません。地域から子どもや親が消えると、その地域の存続が危うくなります。

こうしたことは、都市中心の思考のもとでは、せいぜい頭の片隅に置かれる程度のことでしょう。私自身が、少し前までは、そういう状態でした。山里と私との距離が、その背景にありました。

◆距離の問題

距離というのは、もっと重視されるべき問題だと思います。「貧困とは距離がある」とか「ビーガンの知り合いはいない」といった社会的な距離も見落とせませんが、単純に物理的な距離も大きな意味をもっています。

現代の社会では、移動できる範囲が広がっているように見えますし、遠い外国の情報も入手できますが、私たちは物理的な距離という隔たりを克服できていません。距離が広がると、自分たちに関係の深い物事でさえ、理解しにくくなりますし、そもそも関心をもちにくくなります。

外国に依存する生活をしていても、具体的にどう依存しているのかを十分に知ることは困難です。日本に住んでいる私たちが着る服は、ほとんどが外国製になっています。私たちの靴も、ほとんどが異国の地で作られています。[*18] 私たちは確かに外国の問題に関係しているのですが、その関係性は見えにくくなっています。[*19]

目の前の一台のスマホがどうやって作られているのか、その過程を正確に把握している人はいないでしょう。部品に含まれるレアメタルがどのように集められているのか、どこで誰が部品を製造しているのか、スマホを使う人が理解できているわけではありません。

国内のことでも、私たちの視界から物理的に隔てられていると、やはり見えにくくなります。スーパーで鶏肉や豚肉を見慣れている人は多くても、養鶏場や養豚場に足を踏み入れたことがある人は少ないでしょう。屠殺場に入ったことのある人も少ないと思います。人間が食べる肉のために鶏や豚が強いられている悲惨な生と死は、社会の片隅に隠されてしまっています。牛乳のために酷使された果てに屠殺されていく牛の実態は、ほとんど人の目に触れません。

牛肉や豚肉や鶏肉、鶏卵、牛乳の生産過程は、大半の人にとっては、闇の中にあります。[*20] 学校でもろくに教えてもらえません。牛乳や鶏卵が店に並ぶ裏では牛や鶏が殺されているわけですが、そのことに気づく機会も十分ではありません。

遙か遠くのことでなくても、住む地域が少し離れているだけで、わからなくなります。

都市の廃棄物が周辺部に押しつけられ、周辺部の住民が苦しい思いをしていても、都市の中心部に住む人にとっては他人事になってしまいます。

解体されたビルの破片がどこに運ばれているのか、知らない人が多いのではないでしょうか。

廃棄された冷蔵庫がどうなっているのか、多くの人がわかっていないのではないでしょうか。私もわかっていません。

そういうなかで、都市に住む人が知りもしないうちに、周辺部にスクラップヤードが作られていくのです。

離れたところの物事を知る努力も大切ですが、複雑な社会のすべてを理解するのは不可能です。そうであるなら、知るべき物事の距離を近づけていくこと、なるべく距離の近い範囲で生活を成り立たせていくことが大切になるのではないでしょうか。

自分たちで開墾し、家の隣の畑で野菜を育てれば、自分たちが何を食べているのかを理解しやすくなります。身近なところで木の枝を集め、それを薪にして使えば、自分たちが何を燃料にしているのか、少し見えやすくなります。

世界に目を向けながらも、地元を中心にした暮らしを追求したいと思います。

8　我が家の節約術

◆電気

本の終わりに近づいたところで、暮らしのなかでの節約の方法にも触れておきたいと思います。

あれこれの節約が持続可能性に結びつくからです。

とはいえ、電気については、我が家ならではの節約術というものは特に思い浮かびません。単純に、電気をあまり使わないようにしているだけです。

私と妻は、20年近く前に同居を始めて以来、電子レンジも炊飯器もない生活をしてきました。台所が狭くて物の置き場所が限られていたことも背景にあります。ミキサーも、トースターも、電気ポットも、私たちの家にはありませんでした。

ドライヤーも使っていません。温水洗浄便座と暮らしたこともありません。空気清浄機や加湿器の使用は、ほとんど考えたこともありません。掃除機は使っていましたが、故障したのを機に、箒《ほうき》で掃除するようになりました。

今の家に来てからは、インターホンも使っていません。2022年の秋には、洗濯機がなくなりました。

エアコンは、賃貸マンションの4階に住んでいたときから、何年も使っていませんでした。涼しい山里に移り住んでからは、扇風機も使わなくなりました。冬の暖房器具は、現在は薪ストーブだけです。

電気の消費量を抑えるには、家の中の電化製品を少なくするのが一番わかりやすい方法です。電気で動く機械を減らせば、電力消費も自然と減ります。省エネ型の冷蔵庫を使うよりも、冷蔵庫の使い方を工夫するよりも、冷蔵庫を使わないほうが電気の節約になります。

私たち夫婦は、「太陽光発電や風力発電の電気を使えばいい」とは考えていません。*21

太陽光発電については、発電施設の設置による環境破壊が問題になっています。太陽光パネルの製造にともなう環境負荷も軽視できませんし、使用されたパネルの処分方法も気になります。さらに、パネルの製造に従事する人の労働環境も心配です。

また、風力発電については、風車を設置するための山林の破壊、周辺地域への騒音、風車への鳥の衝突、海の生きものへの悪影響などが指摘されています。日本の山や海沿いに巨大風車が立ち並ぶ景色を見るにつけても、風力発電の推進を無邪気に歓迎する気にはなれません。

太陽光発電や風力発電の害悪に目を向けると、「再エネ100%の電気を使えば問題ない」とは思えないのです。一方で、当然のことながら原子力発電は論外です。だから、とにかく電気の使用量を抑えようとしています。電力消費を極限まで小さくしたうえで、当面どうしても必要になる電気を再生可能エネルギーでまかなう――それを基本的な考え方にするべきだと思っています。

◆水

水の節約に関しては、「我が家は食器洗いに使う水が少ないのかもしれない」と気づく出来事がありました。家に来たお客さんが、いっしょに食事をした後に、食器を洗ってくれたのです。そのとき、蛇口から出る水の激しい勢いに、私はびっくりしました。「もったいない!」という言葉が口から出そうになりました(お皿を洗ってくれたことには感謝しています)。

我が家では、水道からジャージャーと水を流すのではなく、チョロチョロと水を垂らします。お皿の表面を流れた水はボウルで受けて、その水も活用します。

そういう洗い方をする理由の一つは、食器洗いに湯を使わないことです。今の家では、「使わない」というより、使えません。給湯器がないので、台所の蛇口から湯が出ることはありません。ジャージャーと水を出していたら、冬場には手が凍えてしまいます（食器洗いのためにゴム手袋を買ったりはしません）。そのため、自然と「チョロチョロ」になる気がします。

それから、考えてみると、食器の油汚れが少ないことも、あまり水を使わない理由になっていそうです。我が家では肉を食べないですし、炒め物をすることも多くありません。ご飯と味噌汁が中心の食生活です。汁椀などは、軽く水をかけるだけできれいになります。

さらに言えば、「むきになって洗わない」というのも大事な点かもしれません。つぶれた米粒が少しぐらい鍋にへばり付いていても、それほど害はないはずです。無理してピカピカにするのを放棄することで、水道水も労力も節約できます。


食器洗いの水も無視はできませんが、水を大量に使うのは何と言ってもお風呂でしょう。

我が家では、お風呂は基本的に2日に1回です。激しく汗をかくことの少ない冬場は、頻繁に入浴しなくても、体がベトベトしたりはしません。寒い冬こそ毎日お風呂に入りたいという気持ちはありますが、お風呂を薪ボイラーで沸かすのは楽ではありません。労力と薪の節約のためにも、お風呂の頻度を抑えることになります。

汗をかく夏場は、湯船に湯を張らない日に「シャワー」をしたりします。もっとも、家族の間でついつい「シャワー」と言ったりしているものの、本当にシャワーを使うわけではありません。台所の蛇口と同じで、風呂場のシャワーからも湯が出ないので、夏といえどもシャワーの水は冷たいからです。実際にしているのは、「湯浴み」といった感じのものです。太陽熱温水器からの湯を水道からの水と混ぜ、それで汗を流します。だいたい桶に3杯ほどの湯で、全身がさっぱりします。

お風呂は洗濯につながっています。お風呂の残り湯を洗濯に使うのは、節水の基本でしょう。我が家の子どもたちが入った後の湯船の湯で服がきれいになるのか、疑問を感じることもあるのですが、ともかくお風呂の湯を使います。

たっぷりの水（湯）が浴槽に残っていることも多いものの、洗濯機を使わないので、実際に使う水は少量です。バケツに3杯か4杯くらいの水で、1回の洗濯をしています。洗濯のためだけに蛇口から水を出すことは、ほとんどありません。

もちろん、洗濯機を使用する場合でも、洗濯の頻度を減らせば、使う水の量を抑えられます。我が家では、洗濯が手軽ではなくなったこともあり、服を頻繁には洗わなくなりました。シャツにせよズボンにせよ、「本当に洗う必要があるのか」を見定めて、必要そうなら洗濯に回します。実感からすると、そう頻繁に洗濯しなくても大丈夫です。「着たから、とりあえず洗う」という思考停止状態は良くない気がします。無駄な洗濯をやめれば、労力の節約になりますし、水の節約になったりもします。

全体として言えば、皿や体や服を洗いすぎず、潔癖を避けることで、水道水を節約することができます。水道水を節約すれば、上水道や下水道のシステムに費やされる電力の消費を抑えることができ、温室効果ガスの排出量を減らすことができます。私たちが潔癖すぎると、温室効果ガスという廃棄物で地球を汚すことになりかねません。

◆お金

お金の節約は、特に強く意識しているわけではありません。けれども、暮らしのなかで持続可能性を追求すると、結果的に出費が少なくなります。

持続可能性を大事にする暮らしは、あまり物を買わないのが原則です。私も妻も、おしゃれのために服や靴を買い足すことはありません。アクセサリーも買いませんし、化粧品もほとんど使いません。ペットボトルや缶や紙パックの飲料を買うこともないので、そのぶんの費用は発生しません。

使用する消耗品の種類が少ないことも、お金の節約につながっていると思います。台所では、ラップやアルミホイルを使いません。風呂場にシャンプーやコンディショナーを備えることもしていません。食器用洗剤や洗濯用洗剤も買っていません。ティッシュペーパーも使っていません（本当はトイレットペーパーもなくしたいと思っています）。

私がスマホをもたないことに加えて、クルマをもたないことも、お金の節約になっているかもしれません。バスや電車の運賃は必要になりますが、クルマをもつのと比べると、我が家の交通費は少なく抑えられているように思います。

それから、肉を食べないことも、お金の節約になる気がします。牛肉は値段の高いものが目立ちますし、豚肉も安いものばかりではありません。肉を食べないぶん、有機栽培の玄米や野菜を多く食べていると思いますが、たくさんの肉を食べる人から「有機栽培の米は高い！」と非難されることについては、やや納得できない気持ちがあります。


化石燃料を使わないための工夫も、家計の支えになる面があります。

お風呂を薪ボイラーで沸かし、ご飯をロケットストーブで炊けば、ガス代なり電気代なりを安く抑えられます。

費用の面で特に優れものだと感じているのは、太陽熱温水器です。設置に約30万円かかりましたが、天気の良い日なら冬でも太陽熱温水器だけでお風呂に入れます。プロパンガスでお風呂を沸かすのに比べて格段に経済的で、すぐに元が取れそうです。

ただ、薪ストーブが経済的かどうかは、微妙なところです。我が家の薪ストーブは、わりと上等なものになっています。薪から効率よく熱を引き出せるものにしたい、広葉樹だけでなく針葉樹も燃やせるものにしたい、ゆらめく炎がきれいに見えるものにしたい（この点は単なる道楽です）、天板で料理ができるものにしたいといった理由で、高価な薪ストーブを置くことになりました。設置費用は100万円を超えています。

薪ストーブを使えば灯油代やガス代はかからないわけですが、燃やす薪を購入した場合には費用が高額になります。何とか自分たちで薪を用意すれば燃料費はかかりませんが、薪づくりに注ぐ労力も考えると、薪ストーブはそれほど「お得」ではないかもしれません。

最後に付け加えると、お金の節約にとっては、「物をもらう」というのも忘れてはならない方法です。誰かにとっての不用品を譲り受けるというのは、環境負荷の削減のためにも、お金の節約のためにも、悪くないことだと思います。

私たち家族は、いろいろな人にいろいろな物をいただいて、今の生活をつくってきました。引っ越す前には、おかき屋さんから干網や木箱などをもらいました。家の改修でお世話になった大工さんは、薪になるからということで、仕事先で出た廃材を届けてくれます。いつもコーヒー豆を買っている店では、大きな麻の袋を分けてもらって、薪ストーブの焚き付けにする杉の葉や松ぼっくりを入れるのに使っています。

お世話になっている近所の方々には、野菜や果物だけでなく、鋸や斧をいただいたりしてきました。チェーンソーを貸してもらったりもしていますし、壁に漆喰《しっくい》を塗るための左官道具も借りました。味噌づくりのために大きな鍋を借りたこともあります。山登りのときには、大きなリュックサックを借りました。

子どもが学校で使っているコンパスも、近くの方のおさがりです。鍵盤ハーモニカも、リコーダーも、習字道具も、彫刻刀も、全部おさがりです。子どもたちの自転車も、友だち家族にもらいました。

まわりの人に頼りながら暮らしています。

9　同志求む

◆試してみてほしい

我が家の生活を人に話すと、「すてきな暮らしですね」と言ってもらえたりします。ただし、「自分にはできません」と言われることが多いです。「うちも冷蔵庫を使わないことにします」といった話は、ほとんど聞いたことがありません。私にとって、これは残念なことです。

我が家の生活実験は、単なる趣味や道楽ではありません。好きでしている暮らし方ではありますが、責任感や使命感に背中を押されてもいます。おおげさに聞こえるかもしれませんが、地球の生きものの未来を考えて取り組んでいます。

私たちの生活実験は、真に持続可能な「懐かしい未来」に向けての探求です。「風変りな生活をしていますね」「おもしろいですね」で終わりにしてほしくはないのです。いっしょに探求の道を歩みたいと思っています。

私たちの生活実験をそのまま真似《まね》してほしいということではありません。

我が家の今の生活は、真に持続可能なものではありません。電気もガスも水道水も使っています。地元の店で有機栽培の野菜を購入するようにしても、プラスチックごみは発生します。新聞を購読しているので、ところどころ目を通しただけの新聞を古紙回収に出しています。家からオンライン会議に参加することもありますし、何かを調べるためにインターネットを活用することもあります。

気候変動との関係を考えても、現在の我が家の暮らしは、気候変動を解決に向かわせるものではありません。むしろ、気候危機を悪化させています。我が家の温室効果ガス排出量は、マイナスでもゼロでもないからです。害悪の度合いは小さめかもしれませんが、地球環境にとって間違いなく有害な生活になっています。

環境負荷を減らすために最大限の努力ができているわけでもありません。私は、ときどき外国産のワインを飲んでいます。オーガニックのビーガンワインですが、遠くから運ばれてくる瓶入りワインを飲むのは、本当は控えたほうがよいはずです。

朝のコーヒーも、やめたほうがよい気はしています。フェアトレードでオーガニックの豆を扱う店に「マイ瓶」を持参してみたところで、ウガンダやインドやラオスから日本に運ばれて来るコーヒー豆は、真に持続可能なものだとは思えません（ただ、特に冬、薪ストーブでマグカップごと保温し、読書しながらコーヒーを飲む時間は、至福のひと時です）。

私自身も葛藤や課題を抱えているわけですが、この本に書いている内容が多くの方の参考になることを望んでいます。真に持続可能な社会の形成をめざして、みんなで生活実験を重ねていきましょう。

何かできることがあると思います。それぞれの人が置かれている状況に応じた実践があるはずです。

◆試しにくいこともある

この本に書いている生活実験の内容は、どこでも誰でも試せるものばかりではありません。まず、山里に移り住んだからこそ可能になっていることが少なくありません。家の横に畑をつくることも、ご飯をロケットストーブで炊くことも、薪ボイラーや薪ストーブを使うことも、前に住んでいた賃貸マンションでは考えられないことです。

そして、山里に移住できた理由の一つは、私が大学教員だということでしょう。家と土地を購入するための貯金ができたというのもありますが、私の働き方は今の生活と相性が良いように思います。仕事が楽なわけではないですが（かなり忙しいです）、「毎朝8時30分までに出勤しなければならない」という働き方ではありません。自宅で仕事をすることもありますし、時間の融通はききます。長い時間をかけてバスと電車で通勤していても、わりと家にいられて、早朝に庭仕事をすることもできます。

もちろん、大きいのは妻の存在です。妻は、家の外でパートタイムの仕事をしながら、多くの時間を家のことに充てています。一人暮らしだったり、ひとり親家庭だったり、フルタイムの共働きだったりすると、今と同じ暮らし方はできないでしょう。

それから、家族が概ね健康に過ごしているのも、幸運なことです。私自身も、ブユに唇をやられたり、手指のあかぎれに苦しんだり、腰を痛めたりしながらも、何とか無事にやっています。私が体を壊して開墾や薪割ができなくなったり、家族の誰かが頻繁に通院することになったりすると、暮らし方を見直さなければなりません。

いろいろな要因が生活実験に関係しているわけですが、決定的なのは、私と妻が暮らし方についての価値観や方向性を共有していることかもしれません。同居している人の間で食い違いが大きいと、思うように生活を変えていくのは難しそうです。お湯の出ない台所をこしらえようとしても、冷蔵庫の電源プラグを抜こうとしても、いちいち口論になりかねません。「インターホンはなくてもいいよね」「洗濯機をやめてみようか」といったことで私と妻の意見が一致するから、生活実験がしやすいのです。

◆やっぱり試してみてほしい

我が家の生活実験は、恵まれた条件があるからできるものです。「自分たちにできるのだから、誰にでもできますよ」などと言うつもりはありません。

けれども、私たち家族が格段に恵まれた環境にあるわけではないようにも思います。自分たちが自由にできる広い土地はもっていません。薪を安定的に確保するための山もありません。まとまった財産もないので、私は労働力を売って暮らさなければなりません。私たちは、労働者階級の家族です。私は、フルタイムの職に就きながら、薪を割り、子どもを歯医者に連れて行き、風呂場で洗濯し、子どもや障害者の権利保障を求める運動に参加し、畑のために開墾し、町内のごみ収集庫の修繕に出かけ、スクラップヤードと闘い、「PTAだより」の制作に関わり、チャボの世話を手伝っています。

日常の生活のなかでは、私たちの親（子どもたちの祖父母）に援助してもらえることは特にありません。親は離れたところに住んでいます。たいていのことは、家族4人で何とかしています。「恵まれた環境だからできることですよね」「あなた方だからできることですよね」「自分にはできません」と簡単に言われることには、抵抗を感じます。私たち家族の努力が軽く見られている感じもしますし、正直なところ、自分が生活を変えようとしないことの言い訳に聞こえるときもあります。

繰り返しになりますが、我が家の生活実験は、単なる趣味や道楽ではありません。たくさんの生きものに危害を及ぼす生活様式からどうすれば抜け出せるのか、真に持続可能な生活のためには何が必要なのか、本当に豊かな暮らしというのはどういうものなのか——そういうことを考えながらの取り組みです。だから、簡単には、「自分にはできません」と言ってほしくないのです。すべての人が「スマホなし」や「クルマなし」をすぐに実践することを期待しているわけではありません。「冷蔵庫なし」は強く勧めたいと思いますが、今日を限りに冷蔵庫を手放すことをお願いしようとは思いません。それぞれの人が自分に合った生活実験をすればよいのです。

薪を燃料にする暮らし方が難しい場合でも、真に持続可能な社会に向けて、できることがあるはずです。掃除機の代わりに箒を使うのは、それほど大変なことではないと思います。むやみに新品の衣類を購入しないことは、家計の助けにもなります。プラスチック製品の使用を減らすことは、段階的に進めていけます。肉を食べる量を減らすことも、すぐに始められそうな実践です。冷蔵庫を使わない生活も、たぶん、思うほどには難しくありません。

真に持続可能な社会に向けての生活実験を試みる人が増えれば、めざすべき社会変革の中身についての共通理解も広がっていきます。たとえば、暮らしに時間的な余裕が必要なこと、だからこそ大幅な労働時間短縮が求められることが、多くの人に実感されていくでしょう。

社会変革の課題を具体的に浮かび上がらせることも、生活実験の役割です。「懐かしい未来」とはどういうものなのか、真に持続可能な暮らしを実現するために社会をどう変えていけばよいのか――実際の生活を通して考えていきたいと思います。

魯迅が書いた小説『故郷』を読んだことのある方も多いのではないでしょうか。国語の教科書にも登場してきた小さな作品は、次のように締めくくられています。

もともと地上に道はない。歩く人が多くなれば、それが道になるのだ。

私たちが歩くことで、「懐かしい未来」への道が見えてきます。

【注】

＊1　丸山啓史『気候変動と子どもたち――懐かしい未来をつくる大人の役割』（かもがわ出版、2022年）では、最終章で「懐かしい未来」について説明しています。

＊2　ジェイソン・ヒッケル『資本主義の次に来る世界』（野中香方子訳、東洋経済新報社、2023年）は、「グリーン成長」が幻想でしかないことを指摘し、脱成長を説いています。

＊3　ナンシー・フレイザー『資本主義は私たちをなぜ幸せにしないのか』（江口泰子訳、筑摩書房、2023年）は、資本主義が自然環境を破壊していくことを強調しています。

＊4　デヴィッド・ハーヴェイ『反資本主義――新自由主義の危機から〈真の自由〉へ』（大屋定晴監訳、作品社、2023年）は、現代の資本主義をめぐる問題を世界的視野で学べる本です。

＊5　タンジー・E・ホスキンズ『フット・ワーク――靴が教えるグローバリゼーションの真実』（北村京子訳、作品社、2023年）は、現代の靴が抱えている問題を教えてくれます。

＊6　ペーター・ヴォールレーベン『樹木が地球を守っている』（岡本朋子訳、早川書房、2023年）は、人工林の問題点を指摘しながら、天然林の重要性を説き、やみくもに木を燃やすことを批判しています。

＊7　ロアンヌ・ファン・フォーシュト『さよなら肉食――いま、ビーガンを選ぶ理由』（井上太一訳、亜紀書房、2023年）は、肉食の問題性を示しながら、肉食が過去のものになった未来を描こうとしています。

＊8　ヘンリー・マンス『僕が肉を食べなくなったわけ――動物との付き合い方から見えてくる僕たちの未来』（三木直子訳、築地書館、2023年）は、原題が「How to Love Animals」で、動物をめぐる重要問題を幅広く扱っています。

＊9　スナウラ・テイラー『荷を引く獣たち――動物の解放と障害者の解放』（今津有梨訳、洛北出版、2020年）は、動物に対する抑圧と障害者に対する抑圧とを関連づけて論じています。

＊10　丸山啓史「犬や猫の不妊・去勢手術をめぐる倫理的問題――優生保護法のもとでの強制不妊手術を念頭に置いて」『京都教育大学紀要』143号、2023年。

＊11　丸山啓史「ペットと優生思想――犬や猫のブリーディングをめぐる問題」『京都教育大学紀要』144号、2024年。

＊12　立岩真也『人命の特別を言わず／言う』（筑摩書房、2022年）は、「動物の権利」をめぐる議論の展開を十分にふまえないまま、動物擁護論を攻撃するような主張を書き連ねています。

＊13　デイヴ・グールソン『サイレント・アース――昆虫たちの「沈黙の春」』（藤原多伽夫訳、NHK出版、2022年）や、オリヴァー・ミルマン『昆虫絶滅』（中里京子訳、早川書房、2023年）は、昆虫の危機を訴えています。

＊14　田上孝一『はじめての動物倫理学』（集英社、2021年）は、フェイクファーがあるから毛皮はいらない、クルマや電車があるから移動に馬は必要ない、といった議論を行っています。

＊15　塚田英晴・園田陽一編『野生動物のロードキル』（東京大学出版会、２０２３年）は、ロードキルの問題を幅広く多面的に扱っています。

＊16　メラニー・ジョイ『私たちはなぜ犬を愛し、豚を食べ、牛を身にまとうのか――カーニズムとは何か』（玉木麻子訳、青土社、２０２２年）は、ビーガニズムの対極にある信念体系を「肉食主義（カーニズム）」と名づけています。

＊17　三上智恵『戦雲――要塞化する沖縄、島々の記録』（集英社、２０２４年）は、宮古島・石垣島・与那国島などへの自衛隊の展開について、私たちが知るべきことを記してくれています。

＊18　ソフィ・タンハウザー『織物の世界史――人類はどのように紡ぎ、織り、纏ってきたのか』（鳥飼まこと訳、原書房、２０２２年）は、私たちの身のまわりにある繊維織物の背景にある諸問題を描いています。

＊19　澤佳成『開発と〈農〉の哲学』（はるか書房、２０２３年）は、日本が輸入している大豆や木材などのために外国で引き起こされてきた問題を教えてくれます。

＊20　井上太一『動物たちの収容所群島』（あけび書房、２０２３年）は、家畜として飼育される豚や鶏の悲惨な状況を記しています。

＊21　加藤やすこ『再生可能エネルギーの問題点』（緑風出版、２０２２年）は、太陽光発電や風力発電を考える際に読んでおきたい本です。

あとがき

この本を読んでくださった方に御礼を申し上げます。

考えてみると、我が家の生活は、取り立てて語るほどのものではない――そんな気もしてきます。人類は、長い歴史のほとんどを「スマホなし、冷蔵庫なし、クルマなし」で歩んできました。スマホも冷蔵庫もクルマも使わない生活こそ、人類にとっての当たり前なのかもしれません。少し前までは普通だった暮らしについて、ことさら熱く語るのは、どこか滑稽な感じがしないでもありません。

けれども、とにもかくにも、私たちの生活実験の話にお付き合いいただき、うれしく思います。

日頃から私たちと付き合ってくださっている方々にも、御礼を申し上げます。楽しい話を聞かせてくれて、私たちの話を笑って聞いてくれて、困りごとを聞いてくれて、子どもの病気の相談にのってくれて、薪になる木を届けてくれて、愉快な集まりを企画してくれて、スクラップヤード問題をいっしょに考えてくれて、職場を心地よいものにしてくれて、社会変革をめざす取り組みをともにしてくれて、私たちのことを気にかけてくれて……ありがとうございます。感謝していることは、書ききれません。

かもがわ出版の伊藤知代さんには、「ｎｏｔｅ」での連載のときから、たいへんお世話になりました。毎回の原稿へのコメントは、楽しみでもあり、いくつもの気づきを与えてくれるものでもありました。

何度かいただいたコメントは、「それ、祖父母の家にありました」です。ご飯と味噌汁の食事、昔ながらの鍋、網代戸、和傘……。なるほど、我が家の暮らしは、ひと昔前の生活に似ているのかもしれない。単にそれだけのことなのかもしれない。そんなことを思ったりもしました。

佐々木こづえさんには、この本のために、我が家の見取図を描いていただきました。最初にラフを受けとったとき、家族４人は「おぉ～」と歓声をあげました。和室の畳の並び具合、畑の柵の構造といったところまで、きめ細かく表現してくださっています。本当に、ありのままの「ある日の我が家」です（実際より少し美しく描いてもらっている気はします）。そう整っていない家を見せるのは気恥ずかしいものの、佐々木さんのおかげで、我が家を具体的に思い浮かべながら本を読んでいただけるようになりました。

生活をともにしている家族への「ありがとう」は、ここには記しません。家族に対する感謝の言葉が「あとがき」にあることは多いのですが、「それは晩ご飯のときにでも伝えればいいじゃないか」と思ってきました。

とはいえ、この本に書いた生活実験は、妻がいてこそのものです。床板に柿渋を塗り、壁には漆喰を塗り、薪の火を巧みに操り、味噌づくりに励み、「伏見わっか朝市」をきりもりし、人に温かい目を向け、機械に冷ややかな目を向け、資本主義を嫌い、山里を愛する――そういう相棒に、私は恵まれました。

また、子どもたちがまずまず楽しそうに過ごしているので、私は今の暮らし方について「まあよいのだろう」と思えます。「ユーチューブを見たい！」「カップラーメンが食べたい！」「冷蔵庫なしには耐えられない！」とは言わない（言えない？）子どもたち、友だちやニワトリと遊ぶのが好きな子どもたちのおかげで、今の生活が成り立っています。

そうしたことは、ここに記しておきます。

真に持続可能な「懐かしい未来」に向けて、同志が増え、同志の交流が広がることを願っています。

２０２４年９月　丸山啓史

丸山啓史　Maruyama Keishi

1980 年生まれ。京都教育大学准教授。全国障害者問題研究会副委員長。著書に『私たちと発達保障――実践、生活、学びのために』（全障研出版部）、『気候変動と子どもたち――懐かしい未来をつくる大人の役割』（かもがわ出版）など。

山里の生活実験

サステナブルな暮らしを見つける

2024 年 11 月 11 日　初版第 1 刷発行

著　者　丸山 啓史
発行者　竹村 正治
発行所　株式会社かもがわ出版
〒 602-8119　京都市上京区出水通堀川西入亀屋町 321
営業　TEL：075-432-2868　FAX：075-432-2869
振替　01010-5-12436
編集　TEL：075-432-2934　FAX：075-417-2114
印刷所　株式会社サンエー印刷

ISBN　978-4-7803-1341-3　C0036

気候変動と子どもたち

懐かしい未来をつくる大人の役割

丸山啓史：著

四六判　３８４頁　定価２９７０円（本体価格２７００円＋税）

行動する若者たちに希望を見いだす前に、大人にはするべきことがある。
保育・教育・育児に携わる大人たちは、いま何ができるのか――
気候変動に向き合い、「日常を変える」と「社会を変える」をつないでいくために。